CAMBRIDGE LIBRARY COLLECTION

Books of enduring scholarly value

History

The books reissued in this series include accounts of historical events and movements by eye-witnesses and contemporaries, as well as landmark studies that assembled significant source materials or developed new historiographical methods. The series includes work in social, political and military history on a wide range of periods and regions, giving modern scholars ready access to influential publications of the past.

Lists of Manuscripts
Formerly in Peterborough Abbey Library

M. R. James (1862–1936) is probably best remembered as a writer of chilling ghost stories, but he was an outstanding scholar of medieval literature and palaeography, who served both as Provost of King's College, Cambridge, and as Director of the Fitzwilliam Museum, and many of his stories reflect his academic background. His detailed descriptive catalogues of manuscripts owned by colleges, cathedrals and museums are still of value to scholars today. First published in 1929, this book lists over 300 separate volumes which were part of the library of Peterborough Abbey before the Dissolution. James reconstructs this list from sources including lists of books bequeathed to the Abbey, ancient catalogues, and extant books which can be identified as belonging to the library in the medieval period. He also provides a short analysis of his sources. Now reissued, this book will be welcomed by librarians and researchers alike.

T0370585

Cambridge University Press has long been a pioneer in the reissuing of out-of-print titles from its own backlist, producing digital reprints of books that are still sought after by scholars and students but could not be reprinted economically using traditional technology. The Cambridge Library Collection extends this activity to a wider range of books which are still of importance to researchers and professionals, either for the source material they contain, or as landmarks in the history of their academic discipline.

Drawing from the world-renowned collections in the Cambridge University Library, and guided by the advice of experts in each subject area, Cambridge University Press is using state-of-the-art scanning machines in its own Printing House to capture the content of each book selected for inclusion. The files are processed to give a consistently clear, crisp image, and the books finished to the high quality standard for which the Press is recognised around the world. The latest print-on-demand technology ensures that the books will remain available indefinitely, and that orders for single or multiple copies can quickly be supplied.

The Cambridge Library Collection will bring back to life books of enduring scholarly value (including out-of-copyright works originally issued by other publishers) across a wide range of disciplines in the humanities and social sciences and in science and technology.

Lists of Manuscripts Formerly in Peterborough Abbey Library

Montague Rhodes James

CAMBRIDGE
UNIVERSITY PRESS

CAMBRIDGE UNIVERSITY PRESS

Cambridge, New York, Melbourne, Madrid, Cape Town, Singapore,
São Paolo, Delhi, Dubai, Tokyo, Mexico City

Published in the United States of America by Cambridge University Press, New York

www.cambridge.org
Information on this title: www.cambridge.org/9781108011358

© in this compilation Cambridge University Press 2010

This edition first published 1921
This digitally printed version 2010

ISBN 978-1-108-01135-8 Paperback

SUPPLEMENT TO THE BIBLIOGRAPHICAL
SOCIETY'S TRANSACTIONS. NO. 5

LISTS OF MANUSCRIPTS
FORMERLY IN
PETERBOROUGH ABBEY
LIBRARY

With Preface and Identifications

By

M. R. JAMES, Litt.D., F.B.A., F.S.A.

Provost of Eton ; sometime Provost of King's College, Cambridge

PRINTED AT THE OXFORD UNIVERSITY PRESS
FOR THE BIBLIOGRAPHICAL SOCIETY
1926

CONTENTS

PREFACE

THE sources known to me, out of which an account of the Library of Peterborough Abbey can be constructed, are these :

a. Lists of books bequeathed to the Abbey. These are to be found (i) in the list of gifts of bishop Æthelwold (†984) of Winchester, formerly Abbot of Peterborough : printed from the MS. chartulary belonging to the Society of Antiquaries (No. 60) in the *Monasticon,* i. 382. (ii) In the lives of the successive abbots from Benedict (†1194) to Nicholas Elmstow (†1396) [1] in Whittlesey's *History of the Abbey,* extracted by Gunton and printed in full by Sparke.

From these we recover the titles of a little over 220 volumes, but many of these are service-books.

b. Ancient catalogues. Of these there are two : (i) in MS. Bodley 163 (Bede's *Historia ecclesiastica*). It has been printed several times, by Pauli in *Neues Archiv* ii (1876), 433, and hence in the *Serapeum* xxxviii (1877), 120, and by Becker in his *Catalogi,* No. 96: see also Gottlieb, *Ueber Mittelalt. Bibliotheken,* 515. It is of cent. XII, early, and contains about 70 titles. It is anonymous in the MS., but coincidences with the other documents in the case have made me sure that it must be attributed to Peterborough.

(ii) In a MS. among the Peterborough muniments (now in the Chapter Library). Printed by Gunton in his *History,* and copied and collated with the original by myself in 1908. A reprint of Gunton's text is in the *Serapeum* (xii, xiii : 1851–2). It is a

---

[1] Whittlesey stops in 1338 : for the later Abbots Gunton does not mention his source.

tall narrow book of 28 leaves of paper and vellum ($11\frac{1}{5}$ × $4\frac{3}{5}$ in.) in two gatherings of 14 leaves each, and I take it to date from late in the xivth century. The contents are :

Matricularium librarie monasterii Burgi Sancti Petri paucis libris non examinatis.

The catalogue ends on f. 19ᵇ. Then follows without break matter occupying the rest of the page, probably in the same hand : Qualiter agitur cum iustus in extremis agit. Angelus sui custos cum multitudine angelorum venit et animam eius de carcere corporis tollit et cum maxime et dulcissime melodie cantu et cum immenso lumine ac iucundissimo odore ad celeste perducit palatium in spiritualem paradisum. . . .

ending : talis est mutacio dextere excelsi

Qualiter agitur cum impius in extremis agit. Cum autem impius in extremis agit veniunt demones cum maximo strepitu. . . .

ending : dolor horrende visiones, etc. (?) *in ixᵒ fo. script.*

At top of f. 20 is : Sepe recorderis bone frater quod morieris.

Then : Liber de arte moriendi.[1]

This, it seems, is in a different hand. Beginning :

Cum de presentis exilii miseria transitus mortis propter moriendi impericiam multum non solum laicis verum etiam religiosis atque deuotis difficilis . . . orationes dicendos super agonizantes ab aliquo assistencium.

These are in six *particulae.* The first begins :

Cum omnium terribilium mors corporis terribilissima sit.

They end f. 28ᵃ : ut in pace sit locus tuus et habitacio tua in ierusalem celesti, per eundem. Explicit liber de arte moriendi.

On f. 28ᵇ at top are some verses :

Demon. Hanc animam posco quia plenam crimine nosco.

Angelus. Hic si peccauit nece pressus opem rogitauit.

Anima. O spes in morte me solue maria precor te.

---

[1] By Matthew of Krakau ? See Royal MS. 8. B. xvi.

Maria. De qua suxisti fili veniam precor isti.
Filius Dei. Wlnere queso pater [da ?] quod rogitat mea mater.
Pater. Nate petita dabo quod vis volo [nulla ?] negabo.
Angelus. Aspice peccator vbi filius est mediator
Pro precibus matris qualis est responsio patris.
Non prius in dulcem declines lumina sompnum
Omnia quam longi reputaueris acta diei.
Then, in the hand of f. 19^b, follows the continuation of
the text there begun. It is followed by a paragraph *De generali
iudicio,* ending : erubescet luna. Require in 4° fo. ante matri-
cular(ium). But nothing now precedes the *Matricularium.*

c. A short list of books (15) seen by Leland at Peterborough
shortly before the Dissolution : printed in his *Collectanea,* iv. 31.

d. The extant books which can be identified as having
belonged to the library in medieval times.

From what has been said it will be apparent that the most
copious source of information is the *Matricularium* preserved
at Peterborough, occupying as it does some 38 pages in the
MS., and containing entries of 346 separate volumes. A discus-
sion of its character and of the principle on which it is arranged
will therefore be a proper preliminary to making any use of it.
And at the outset I remark that the *format* and material of the
book suggest that it can hardly be the official catalogue drawn
up for use in the library. Examples of such official catalogues
we have, e. g. in those of Dover Priory ; St. Augustine's,
Canterbury ; the Austin Friars of York ; Leicester Abbey ;
Sion Monastery, all of them much more carefully and better
written books than ours, the aspect of which at once suggests
that it was made for private use.

We proceed to examine the arrangement of the catalogue, and
find it to be quite systematic. The volumes are arranged under
a series of alphabets of 23 letters (A–Z, omitting J, V, W).
Each letter of the first alphabet has a single dot after it ; each
letter of the second has two dots ; each of the third, three ; the

fourth has the numeral IV attached to each letter, and so
on with V, VI, etc., up to XVI ; but this last alphabet is incomplete, only going down to letter C.   Thus we ought to find
23 × 15 + 3 entries = 348 ; but irregularities or errors reduce
the number to 346.

Then we look at the contents : and here we are surprised to
find that a great many of the works which form the staple of
ordinary monastic libraries are wholly absent from the list.
Not only so, but when we turn to the bequests of the abbots,
we find among them many of these ordinary books, which yet
make no appearance in our catalogue.   By ordinary books
I mean Bibles, glossed books of the Bible, Augustine on the
Psalms, and on the Trinity, Gregory's *Moralia*, the Sentences,
the *Summa* of Aquinas, the *Decretum* of Gratian, the Digest :
you will be hard put to it to prove from this catalogue that
Peterborough Abbey owned any of these or scores of others
which one could readily name.

I have made two Indexes, one to the *Matricularium*, the other
to the remaining documents ; and a glance at them will prove
my point to demonstration.

The question then arises : Is this in some sort a supple-
mentary catalogue which designedly omits the large treatises and
only records those of smaller compass ? and there are two
phenomena which point to an affirmative answer.   One is
in the catalogue itself.   There are several entries which are
plainly incomplete as they stand.   No. 24 (C. 2), Retractationes
Bede de quibusdam questionibus *precedentis tractatus* ; No. 83
(Q. IV), *Aliud* Psalterium de beata Virgine ; No. 175 (Q. VIII),
Tractatus *eiusdem* de confessione ; and again, No. 124 (L. VI),
Liber de arte poetica, Sermones *eiusdem*, Epistole *eiusdem* ;
No. 35 (O. 2), Liber Penitentialis *in fine* ; No. 218 (N. X),
Numerale in tribus quaternionibus *sequentibus*.   Such phrases
show that part of the document which was being copied has
been omitted : they do not prove that this was done designedly.

The other phenomenon, however, does seem to show that. It is the evidence of extant books.

No. 23 (B. 2) in the catalogue runs thus :

Beda super Tobiam.

„   super triginta questiones de libris Regum.

„   super canticum Abacuc.

„   de templo Salomonis.

Augustinus contra quinque hereses.

Sermo Augustini de muliere forti.

Ieronymus super Ecclesiasten.

Tractatus Ernulfi Episcopi Roffensis de incestuosis coniugiis.

Now these are the exact contents of MS. Lambeth, 191 : only, the first, and longest, article in that MS. is Beda super parabolas Salomonis. Again, No. 3 (C. 1) gives :

Pastorale Ambrosii.

Questio Ieronimi de induracione cordis Pharaonis et de aliis quatuor questionibus.

Item de xv signis ante diem iudicii.

And the Eton MS. 21 has exactly these articles, but preceded by Jerome on Daniel and the twelve Prophets, which occupies 323 leaves out of a total of 338. Be it noted also that the tract of Ernulf and ' Jerome ' on the hardness of Pharaoh's heart are both uncommon texts, especially the latter.

A third instance is afforded by the Helmingham MS. No. 6 which begins with Rabanus on Genesis (a long book), and proceeds with the smaller tracts which are catalogued under No. 36 (P. 2).

Again, one of the gifts of Abbot Robert de Sutton (d. 1274) was Vita S. Thomae et S. Oswaldi versifice ; and No. 84 (K. IV) begins with Vita S. Oswaldi versifice. It has other items, but this makes no real difficulty, for the notes of the abbots' bequests are obviously made as brief as is consistent with clearness.

Returning from this evidence to the catalogue, we find many

entries which can hardly represent the contents of complete volumes : e. g. No. 47 (C. 3), Litera que sic incipit ; *Hugoni S. Victoris Priori* ; No. 54 (K. 3), Edilnulphus [*sic*] de monachis, i. e. the rather short poem of Ethelwulf. (This may, perhaps, represent MS. Bodley 163, in which Ethelwulf's poem follows Bede's *History*.)   No. 120 (G. VI), Paruus tractatus inter defensorem et accusatorem ; No. 251 (Z. XI), Tractatus Ratriani (Ratramni) de eo quod Christus natus est de Virgine (a quite short text) ; and so on.   Moreover, to any one who is accustomed to dealing with MSS., many examples will occur of tracts commencing entries which it is not usual to find in that position : No. 10 (M. 1), Chrysostom on the Epistle to the Hebrews would almost certainly be preceded by the *Opus imperfectum* on Matthew ; No. 25 (D. 2), Bede on Nehemiah, would be preceded by Bede on Ezra ; No. 42 (X. 2), the letter of Alexander to Aristotle would have either the *Gesta Alexandri*, or Orosius, before it.

These considerations taken together have convinced me that the principal object which the compiler of this catalogue had before him was to record the smaller and subsidiary contents of the volumes in the library, omitting the long treatises which in many cases filled whole volumes or formed the main part of them. The title of his work allows, indeed, for some omissions, in the words ' paucis libris non examinatis '.   But like most amateurs, he is not consistent in his practice.   He does not always leave out the first item in the book ; his entries, No. 2 (B. 1) and No. 14 (Q. 1), seem to give the whole contents of two volumes, the first of which is named in Bodl. 163, and the other seems clearly to be identical with Lambeth 202.   And in a good many other cases, especially perhaps in the later part of his work, his entries appear to be full.   No. 342 (Y. XV), which I identify with Gonville and Caius MS. 437, is an instance.

It is a real objection to this view that the numbering of the books in their sixteen alphabets is consecutive, and allows no room for the many volumes which contained single treatises. Against this must be set the fact—I believe it to be a fact— that no volume can be produced in which a press-mark corresponding to our catalogue is entered ; nor, indeed, is a Peterborough press-mark of any kind known to me. One legitimate inference from this is that the alphabet system of our catalogue was invented by the compiler of it for his own convenience ; another, less likely, that it was a system which did not include any volume which contained only a single treatise.

It is not easy to gather from the *Matricularium* a clear idea of the arrangement of the library. This is not surprising if my theory of its character is correct ; for we well know how little the medieval people cared about preserving uniformity of complexion in the contents of their books. Tracts of the most diverse kinds might be collected in one volume, consideration being only had to their bulk and not to their subject. However, as we look through the pages of the book, some grouping does seem to emerge.

We begin with Theology, and though we cannot be sure that the common custom of putting the four great doctors at the head of the list was followed, there are places (11 sqq.) where Augustine is conspicuous, others where Bede (22 sqq.) and Ambrose (29 sqq.) come out. As we proceed, books of devotion and meditations and the apparatus of the later centuries are common. At 93 we enter the sphere of Grammar, but it is infected by Medicine and Theology ; it is between 118 and 156 that we find most of the classical authors. We then relapse into miscellanies, among which some of the names of the authors, e.g. Bonaventura, and the general complexion, show that the books are of rather recent date. About 199 are three or four French books ; Canon Law is prominent about 212. French texts and romances are fairly common after 307. I gain the impression that with about 156 the older part of the library ends, and that most of the books which follow were the gifts of

single monks ; this, from a comparison of this catalogue with
that of Christ Church, Canterbury, in the first part of which
a classification (alphabetical) is perceptible, while in the second
the gifts are chronicled apparently in the order of their accession.

This notion is neither confirmed nor refuted by the older
catalogue in Bodl. 163 which begins with Augustine, Histories,
Jerome, Ambrose, and then becomes very miscellaneous, but
contains, as it happens, no ' grammatical ' books at all.   It has
to some extent, but not completely, the character of a ' cloister '
library, such as is separately entered in the Christ Church
catalogue, and consists of standard books of reference.

The moral of what I have said so far is that the *Matricularium*
is a thoroughly abnormal catalogue, and that the process of
identifying extant books by its means is not easy, and is beset
by uncertainties.   It will not help us at all, we have seen, in the
case of Bibles or Glosses or Augustine's *de civitate Dei* or many
more ; and even when a series of small tracts in an extant MS.
reminds us of something in it, we have to reckon, on the one
hand, with possible omissions by the cataloguer or mutilations in
the MS., and, on the other hand, with accidental coincidences
due to the confirmed propensity of some groups of tracts to
circulate together.   Still, now that its real character has been
pointed out, it ought not to be unfruitful in bringing Peterborough books to light.

As a matter of fact the number of Peterborough books
known to exist is remarkably small.   Of Psalters and service-
books, Consuetudinaries and Chartularies, there may be a score ;
but these are not library-books.   Of library-books proper,
I doubt if more than a couple of dozen can be pointed out.   We
know from Gunton and Patrick how cruelly the Church suffered
in the Civil Wars ; we do not know from them or from any other
source what proportion of the library had remained *in situ* down
to that date.   Nor do the experiences of the neighbouring
abbeys afford much help.   Crowland books are not common,

but we have no catalogue by which to judge of its wealth. Thorney books are perhaps commoner, e.g. at Edinburgh. For Ramsey we have a fragmentary catalogue showing it to have been rich, especially in Hebrew, but extant MSS. are rare. In Ely we have a case like Peterborough, where the buildings were preserved : we know its press-mark, though we have no catalogue, and Ely MSS. may be quickly numbered. I am afraid it is clear that at the Dissolution there was great havoc wrought among all these libraries. Bury and Norwich were by far the luckiest of all those in East Anglia. In the former case a large block of MSS. came into the hands of a man who passed them on to Pembroke College, Cambridge ; in the latter, the Chapter seem to have been persuaded by one of their members to present a good many books to the University of Cambridge.

At Lambeth there is a small set of MSS. described in the old catalogues as 'Bundles', *fasciculi* ; the medieval ones among these are imperfect fragments of larger volumes, and in some cases I thought I saw reason to believe that they came from Peterborough. This conjecture, if substantiated, would point to a devastation of the library earlier than the Civil Wars, and would confirm my guess that the Peterborough books were badly treated at the Dissolution.

Of extant Peterborough books perhaps the most famous is the copy of the Anglo-Saxon Chronicle, Bodl. Laud. Misc. 636, which, though it has no Peterborough inscription or mark, was undoubtedly written in the abbey.

The list which I have been able to get together is, as I have said, a sadly short one. Of service-books I reckon more than of library-books.

Psalters :

Oxford.　Bodl. Douce 296, of cent. xi.
　　　　　　　Barlow 22, of cent. xiv.
Cambridge.　C.C.C. 53, of cent. xiv.
　　„　　St. John's 81, Robert de Lindsey's glossed Psalter.

Society of Antiquaries 59, Robert de Lindsey's unglossed
Psalter, both of cent. xiii.
Fitzwilliam Museum, MS. 12, of cent. xiii.
Brussels Bibl. Royale 9961–3, given about 1320 to a
French cardinal ; of cent. xiii, late.

Other service-books :
Oxford Bodl. 18330, Gough Liturg. 17, Breviary, cent.
xiv.
Cambridge Magd. 10, Antiphoner of Gilbert de Stanford,
cent. xiii.
Lambeth 198, 198ᵇ, Directory of Services, cent. xiv.

Library-books :
Oxford Bodl. 96 (1919), Augustine, Cassiodorus, etc., cent.
xiv. Liber Rob. Spyrman Capellani de Burgo S. Petri.
Bodl. 163, Bede Hist. Eccl. = 54 (K. 3).
Laud Misc. 636, A-S. Chronicle.
Cambridge C.C.C. 92, Florence of Worcester.
                160, Bede in Epp. Canon.
Gonville and Caius 437, Ordinarium vitae religiosae = 342
                (Y. XV).
                454, Will de Woodford's Summa de
                vitiis et virtutibus (129).
St. John's 256 (probably), Somme le Roi.
British Museum Cotton, Julius D. 11 Gesta Henrici II,
giv n by Abbot Benedict (40).
Otho A. 17 (destroyed) contained Peterborough Chronicles
and the Passio SS. Wolfadi et Ruffini, perhaps that
seen by Leland (2).
(Nero C. 7, Vesp. A. 21, 22, Cleop. C. 1, 2, Faust. B. 3,
are Registers, Rentals, or the like, as also Add. 39758.
recently acquired, which contains Whittlesey's Chronicle
printed by Sparke.)
Harley 3667 has two leaves of a Peterborough Chronicle,

cent. xii, and the letter of Dionysius Exiguus. Cf.
No. 22 (A. 2).
Harley 3097 = I. 1 (8), Jerome on Daniel, etc.[1]
Lambeth 5 Concordance, not in the Catalogue.
? 96 (2 parts), Gregory on Ezekiel ' liber W. de
    Folkyngham '.
? 182 (part), French exposition of the Lord's
    Prayer (? 345, B. XVI).
191 Beda in parabolas, etc. (23, B. 2).
202 Augustini summa, etc. (14, C. 1).
(360 (part), Injunctions of Bp. Russell, 1483).
367 (part), Sententiae : has the name of Henry
    de Morcott (Abbot 1353–61).
The Society of Antiquaries owns the Liber Niger (No. 60
of their MSS., and another Register (No. 38)).
Eton College 21, Jerome on the prophets (3, C. 1).
Helmingham Hall 6, Rabanus etc. (36, P. 2).

Besides the well-known Swaffham book at Peterborough,
and the *Matricularium*, Peterborough has one or two MSS.
of medieval date, and one—S. 6 in the Chapter Library—which
I identify with F. IX (188).

In the Royal Library at Copenhagen the MS. Ny kongelige
Samling, 1854, acquired in England in 1921, appeared to me
probably identical with C. 2 (24).

It is, however, hardly conceivable that such collections as the
Old Royal and Harley and the older Bodleian *fonds* should not
contain a fair sprinkling of Peterborough MSS. May the
present publication have the effect of bringing them to light.

---

[1] This very good example was furnished me by Mr. Gilson, as also that
from Helmingham. In the Harley MS. the table of contents, which begins
with ' Ieronimi super Danielem liber unus ', is almost verbally identical with
that of the *Matricularium*.

Æthelwold's Gifts, circ. 984

This is the text of the paragraph relating to books, as it appears in the Chartulary, MS. 60 of the Society of Antiquaries. It is on f. xxxiv (39)^b, written in one paragraph, in a fine twelfth-century hand.

And antþentig is þara boca þe Adeluuold biscop ge sealde in to Burch. ꝥ is þonne.

1. beda in marcum.
2. liber miraculorum.
3. Expositio hebreorum nominum.
4. Prouisio futurarum rerum.
5. Augustinus de achademicis.
6. Vita sancti felicis metrice.
7. Sinonima isidori.
8. Vita eustachii.
9. Descidia parisiace polis.
10. Medicinalis.
11. De duodecim abusiuis.
12. Sermo super quosdam psalmos.
13. Commentum (in) cantica canticorum.
14. De eucharistia.
15. Commentum martiani.
16. Alchimi. Auiti.
17. Liber differentiarum.
18. Cilicius Ciprianus.
19. De litteris grecorum.
20. liber bestiarum.

In the lists of plate, vestments, etc., which precedes this is mention of a Gospel book.

No. 2, Liber miraculorum, may be the Seven Wonders of the World, or conceivably the Dialogues of Gregory.

No. 4 is probably the Pronosticon futuri saeculi of Julianus of Toledo.

No. 6, Paulinus of Nola, was seen by Leland, as also No. 8.
No. 9 is Abbo of St. Germain's poem on the siege of Paris.
No. 16, Alchimi. Auiti., so written, can hardly be two titles, but one.
No. 18. Cilicius, must be for Caecilius.
Most of the volumes probably contained a number of tracts besides the single ones named.

Lists of Books bequeathed by Abbots of Peterborough.[1]

Benedict 1177–1194.

1ᵃ. Vetus et novum testamentum in uno Vol.
1ᵇ. Vetus et novum testamentum in uno Vol.
1ᶜ. Quinque libri Moysi glosati in uno Volumine.
2. XVI Prophete glosati in uno Volumine.
3. XII minores gl. in uno Volumine.
4. Liber regum gl.
5. Paralipomenon gl.
6. Iob, Parabole Salomonis, Ecclesiastes, Cant. Cant., gl. in uno Vol.
7. Liber Ecclᵘˢ et liber Sapientie gl. in uno Vol.
8. Tobyais, Judith, Ester, et Esdras gl. in uno Vol.
9. Liber Judicum gl.
10. Scholastica Hystoria.
11. Psalterium gl.
12. Item non gl.
13. Item psalterium.
14. IV Evangelia gl. in uno Vol.
15. Item Mattheus et Marcus in uno Vol.
16. Iohannes et Lucas in uno Vol.
17. Epp. Pauli gl.
18. Apocalipsis et Epp. Canonice gl. in uno Vol.
19. Sententie Petri Lumbardi.
20. Item Sentencie eiusdem.
21. Sermones Bernardi Abb. Clarevall.

[1] Mr. Gilson has very kindly collated these lists with Whittlesey's MS. so far as that is available.

22. Decreta Gratiani.
23. Item Decreta Gratiani.
24. Summa Ruffini de Decretis.
25. Summa Joh. Faguntini de Decretis.
26. Decretales Epistole.
27. Item Decretales Epp.
28. Item Decret. Epp. cum summa sic incipiente *Olim.*
29. Instituciones Justitiani cum autenticis et Inforciato.
30. Digestum vetus.
31. Tres partes cum Digesto nouo.
32. Summa Placentini.
33. Totum corpus iuris in ii Voll.
34. Arismetica.   = Matric. 21 ?
35. Epp. Senecae cum aliis Senecis in uno Vol.   = Matric. 122 ?
36. Martialis totus et Terentius in uno Vol.
37. Morale dogma Philosophorum.
38. Gesta Alexandri et Liber Claudii et Claudiani.
39. Summa Petri Helye de grammatica cum multis aliis rebus in uno Vol.   Cf. Matric. 153.
40. Gesta Regis Henrici II et genealogia eius.   = Julius A. xi.
41. Interpretaciones Hebraicorum nominum.
42. Libellus de Incarnacione Verbi.
43. Liber Bernardi Abb. ad Eugenium Papam.   Cf. Matric. 27 and 154.
44. Missale.
45. Vita S. Thome Martyris.
46. Miracula eiusdem in v Voll.
47. Liber R. Plutonis qui dicitur *Unde Malum.*
48. Meditt. Anselmi.
49. Practica Bartholomei cum pluribus aliis rebus in uno Vol.
50. Ars Physice.   } *One item in Sparke.*
51. Pantegni et practica ipsius in uno Vol. }
52. Almasor, et Dioscorides de virtutibus herbarum.
53. Liber dinamidiorum et aliorum multorum in uno Vol.
54. Libellus de compoto.   Cf. Matric. 22.

Robertus de Lindesey † 1222.

55. Numerale Mag. W. de Montibus cum aliis rebus.
56. Tropi Mag. Petri cum diversis summis.
57. Sententiae Petri Pretanensis (Pictavensis ?).

58. Psalterium gl.   = St. John's Coll., Camb., No. 81.
59. Aurora.
60. Psalterium non gl.   = Society of Antiquaries, No. 59.
61. Historiale.

Alexander de Holdernesse † 1226.

62. Psalterium.
63. Concordantie utriusque Test.
64. Claustrum anime.
65. Opus alterum quod perfecit Rogerus de Helpston.
66. Aurora.
67. Penitentiale.
68. III Breviaria.
69. Concilium Lateranense cum aliis rebus.   Cf. Matric. 164.
70. Corrogationes Promethei.
71. Missale.

Martinus de Ramsey † 1233.

72. Missale.
73. Item Missale ad altare S. Katharine.
74. Capitula collecta Evangelica in 2 Voll. ad magnum altare.

Walterus de S. Edmundo † 1246 ?

75. Decretale.
76. Aurora.
77. Claustrum anime.
78. Biblia.
79. Hexaemeron S. Cantuarie versifice.
80. Rabanus de naturis rerum, et Interpret. Hebr. nom. in uno Vol.
81. Versus M. W. de Montibus.   Cf. Matric. 88, 241.
82. Psalterium gl.
83. Summa Mag. J. de Cantia de penitentia.
84. Templum Domini cum arte confessionum.   Cf. Matric. 62.
85. Regula S. Benedicti.
86. Psalterium cum hympnario.
87. Item ii Psalteria.
88. II Missalia.

89. II Gradualia.
90. Liber Evangeliorum.
91. Liber orationum ad magnum altare.

Willielmus de Hotot † 1249.

92. Autissiodorensis abbreviatus.   Cf. Matric. 247.
93. Tract. super Canonem Misse.
94. Templum Domini cum aliis rebus.
95. Libellus de diversis rebus.
96. Missale ad altare Michaelis.

Johannes de Caleto † 1262.

97. Flores Evangeliorum
98. Tract. de Theologia.
99. Concilium Lateranense.   Cf. Matric. 164.
100. Templum Domini.   Cf. Matric. 165.
101. Testamentum 12 Patriarcharum.   Cf. Matric. 166.

Robertus de Sutton † 1274.

102. Psalt. gl.
103. Summa Raimundi cum apparatu.
104. Summa fratris R. de Fissacre super Sentent. in 4 Voll.
105. Summa *qui bene presunt.*
106. Templum domini cum tract. de professione in 1 Vol.   Cf. Matric.
    165.
107. Summa M. J. de Cantia cum aliis rebus.   Cf. Matric. 237, 260.
108. 2ª pars Hugucionis super Decreta.
109. Summa Gaufridi.
110. Liber naturalium Aristot.   Cf. Matric. 167.
111. Raimundus abbreviatus cum meditt. Bernardi.
112. Manuale.
113. Liber de miseria humane conditionis.
114. Psalt. B.V.
115. Vita S. Thome et S. Oswaldi versifice.   Cf. Matric. 84.
116. Psalt. parvum.

Richardus de London † 1295.

117. IV Evangelia gl.
118. Psalt.
119. Regula S. Aug. cum speculo caritatis edita a B. Bernardo.   Cf.
     Matric. 171.
120. Nova Logica in 2 Voll.
121. Priscianus de constructione cum aliis rebus.
122. Boetius de consolatione et libellus diversarum rerum in 1 Vol.
123. Parabole Salomonis et Ecclesiastes.
124. Processionarium cum hympnario.
125. Psalt. cum gradale in choro.

Willielmus de Woodford † 1299.

126. Instituta apparitata.
127. Decreta apparitata.
128. Apparatus Decretalium cum casibus.
129.† Summa de vitiis.   Summa de virtutibus.   = Gonville and
     Caius MS. 454.
130. Summa Reynfridi.
131. Psalt. cum exequiis majorum.
132. Statuta Westmonasterii.
133. Statuta Capituli General.
134. Constitt. extravagantes.
135. Regula SS. Basilii et Benedicti.
136. Carte Regum cum libertatibus.
137. Liber de arte predicandi.
138. Processionarium.
139. Missale in ii Voll.
140,1. II Gradalia.
142. Breviarium.

Godefridus de Croyland † 1321.

143,4. Due Biblie una Gallice scripta.
145. Avicenna.
146. Instituta apparitata.
147. VI^{tus} Liber Decretalium cum apparatu.
148. Legenda Sanctorum.

149. Summum bonum.
150. Regula SS. Benedicti et Basilii cum aliis rebus.
151. Processionarium.
152. Breviarium in 2 Voll.
153. Manuale cum exequiis mortuorum.
153ᵃ. Antiphonarium cum psalterio et ympnario et canticis (Whittlesey, cf. Sparke).

Adam de Boothbie † 1338.

154. Decretales.
155. Sermones Joh. de Abbevile.
156. Media pars Missalis.   (Joh. de Abb. media pars : Missale, Sparke).
157. Breviarium.
158. Manuale.
159. Liber Chartarum.
160. Actus Apost. et Epp. Canonice *et apocalypsis*.   om. Sparke.
161. Gerardus super Psalt.   = Leland No. 1.
162. Summa Summarum.
163. Diurnale.
164. Dicta Senece cum 36 tractatibus contentis in eodem Vol.

Henricus de Morcot † 1353.

165. Parva Biblia.
166. Decreta.
167. Decretale.
168. Apparatus VIᵗⁱ libri Decretalium.
169. Liber qui vocatur Innocentius.
170. Hostiensis in summa.
171. Breviarium.
172. Antiphonarium cum Psalt.
173. Processionarium.
174. Item Decretale.
175. Catholicon.

Robertus (de) Ramsey † 1361.

176. Prima pars et 2 Hostiensis in Decreta in 2 Voll.
177. Hostiensis in Summa.
178. Speculum iudiciale.

179. Decretale.
180. Derivationes Hugutionis.
181. Prima pars et 2 Hostiensis in Decreta.

Henricus de Overton † 1391.

182. Decretale.
183. Johannes de Deo.   Cf. Matric. 248.
184. Breviarium novum.
185. Catholicon.
186. Breviarium in 2 Voll.
187. Innocentius.
188. Liber de vita et moribus Tartarorum.   Cf. Matric. 292.

Nicolaus (Elmstow) † 1396.

189. Digestum vetus.
190. Digestum novum.
191. Codex Justiniani.
192. Liber Azonis.
193. Raymundus.
194. Liber Poenitentiale.
195. Parvum volumen.
196. Digestum infortiatum.
197. Instituta.
198. Quaterna de lege.
199. Unus liber de fisica.
200. Alius liber de lege.
201. Psalt. pulchrum.
202. Psalt. Latine et Gallice scriptum.

Catalogue from MS. Bodl. 163, f. 261.[1]

1. Augustinus de ciuitate dei.
2. Augustinus de uerbo domini.
3. Augustinus de bono coniugii et uirginitatis.
4. Augustinus super Iohannem.
5. Augustinus retractationum.
6. Augustinus de uidendo deum et uera religione.
7. Ecclesiastica historia Eusebii Cesariensis.
8. historia Anglorum.   = Bodl. 163 itself.
9. tripartita historia.
10. Hieronimus super Iosue.
11. Hieronimus contra Iouinianum.
12. Hieronimus super Isaiam.
13. Hieronimus super (*erasure* : ? xii) prophetas.
14, 15. Hieronimus super Ezechielem (*above line* : libri duo).
16. Hieronimus super Danihelem.
17. Ambrosius de sacramentis et
Vita sanctorum Nicolai Botulfi Guðlaci.   See Matric. No. 8.
18. Origenis de singularitate clericorum.
19. Dialogus Basilii et Iohannis.   = Matric. No. 2 and Leland No. 5.
Augustinus de penitentia.
Genadius ecclesiasticorum dogmatum.
collatio Nesterotis abbatis de spirituali scientia.
Abraham de mortificatione.   Cremonis de perfectione.
20. Ambrosius de uirginitate.
21. Hisidorus super genesim.
22. Amalarius de diuinis officiis.
23. Fredulphus (Frec-) historiographus.   = Leland No. 15.
24. Iosephus antiquitatum.
25. Isidorus in hebreis numeris.
26. Gregorius pastoralis cure.
27. Gregorii moralia in Iob.
28. Epistole Pauli.
29. uite patrum.
30. Haimo super epistolas Pauli.

---

[1] Cf. Pauli in *Neues Archiv* ii (1876), 433 : *Serapeum* xxxviii (1877), 120 : Becker, *Catalogi*, 96 : Gottlieb, *Ueber Mittelalt. Biblioth.*, 515. The division of the entries here is my own, and to some extent conjectural.

31. Haimo in euangeliis.
32–34. Epistolares Hieronimi III unus maior duo minores.
35. liber notarum.
36. questiones in genesim et diffinitio philosophie et liber differentiarum.
37. item liber differentiarum.   = Æthelwold No. 17.
38. Vita sancti Felicis uersifice.   = Æthelwold No. 6, Leland No. 14.
39. Vita sancti Aðeluuoldi.
40. pronosticon futuri seculi.   = Æthelwold No. 4?
41. Vita sancti Uuilfridi.
42. Vita sancti Giseleni.   = Leland No. 13.
43. diadema monachorum.
44. Lectionarius.
45. Paradisus.
46. Glosa in genesim.
47. super psalterium.
48. Isidorus de summo bono.
49. cronica Prosperi.
50. Augustinus de diuersis rebus.
51. Vita sancti Fursei et Baronti uisio.
52. Gregorii Nazanzeni apologiticus.
53. historia Romanorum et Africanorum.   Cf. Matric. No. 40, 41.
54. Vite sanctorum anglice.
55. Expositio super Lᵗᵃ psalmos.   Cf. Æthelwold No. 12.
56. Epistolaris Cipriani.   = Æthelwold No. 18? and cf. Matric. No. 52.
57. Vita beati Gregorii pape.
58. Exameron Ambrosii.   Cf. Matric. No. 75.
59. Canones.
60. Passio Eustachii Placide uersifice.   = Æthelwold No. 8, Leland
     No. 11.
61. historia Clementis et uita beati Martini.   = Matric. No. 37.
62. psalterium Hieronimi secundum hebreos.
63. Rabanus de institutione clericorum.
64. liber miraculorum.   = Æthelwold No. 2.
65. Elfredi regis liber anglicus.

Books seen by Leland at Peterborough.
Coll. iv. 31.

1. Girardus Cameracensis super Psalterium.   = *Abbots* 161.
2. Passio SS. Wolfadi et Rufini filiorum regis Wolpheri.
3. Tropologia super xii prophetas collecta inter praelectiones mag. Stephani Langeton per R. de Lincolnia.
4. Rabanus in libros machabaeorum ad Ludovicum regem.
*5. Libellus ecclesiasticorum dogmatum Gennadii.
6. Robertus de Tumbeleia super Cantica.   *Os sponsi inspiratio Christi.* In No. 14.
7. Solutiones Ernulphi ep. Rofensis ad quasdam quaestiones Lamberti abbatis S. Bertini.   *Venerabili ac gremio charitatis.*   In No. 12.
8. Beda super Pentateuchum.
9. Beda super Apocalypsim.
10. Bedae in Samuelem allegorica expositio.
*11. Vita S. Eustachii carmine heroico.
12. Liber epistolarum Gulielmi [*sic*] de Sempringham.
*13. Vita Gisleni episcopi Graeci.
*14. Vita Felicis eleganti carmine scripta.
*15. Freculphi Historia.

* For Nos. 5, 11, 13, 14, 15, see the old catalogue.

NOTE.—In printing the Matricularium I have kept the spelling of the manuscript, but have made use of many obvious abbreviations.

[f. 1 a.

Matricularium Librarie Monasterii Burgi S. Petri paucis libris non examinatis.

1. A. Claudius super Matheum.
   Exp. Ioh. Crisostomi super: *In principio erat Verbum.*
   Exp. eiusdem super Euuang.: *De muliere Chananea.*
   Exp. Bede super Euuang.: *Non est arbor bona.*
   Exp. eiusdem super Euuang.: *Facta sunt enchenia.*
   Sex sermones de S. Maria.
   Duo sermones de S. Agnete.
   Vita S. Romani Rotomagensis Ep.
   Vita S. Dunstani Archiep.

2. B. Dialogus Basilii et Johannis s. [scilicet] libri sex.
   Aug. de Penitencia.
   Genadius de Ecclesiasticis dogmatibus.
   Collaciones Nesteronis Abbatis.
   Collaciones Abbatis Abraham.
   Collaciones Abbatis Cheremonis.

3. C. Pastorale Ambrosii.
   Quaestio Jeronimi de induracione cordis Pharaonis et de aliis quatuor questionibus.
   Item de xv signis ante diem Iudicii.

4. D. Aug. de libero arbitrio.
   Liber Petri Damiani Monachi qui dicitur *Dominus Vobiscum.*
   Vita Odilionis Abbatis.
   Vita S. Maioli.
   Vita Willelmi Alcurbues (= al curt nez ?).
   Quedam miracula Leonis Pape.

2. = *Bodl.* 19.   3. = *Eton* 21.

5. F [*very faint*]. Jeronimus de Interpretacionibus Hebraicorum No-
   minum.
   Exposiciones Ebraicarum litterarum.
   Quedam sentencie ex dictis diuersorum Theologorum collecte de
   Misterio corporis et sanguinis Christi.
6. G [*very faint*]. Albinus super Ecclesiasten.
7. H. Jeron. super Marchum.
   Vita S. Mildrede Virg.
8. I. Tract. Origenis de Susanna.
   Vita S. Nicholai.
   Vita S. Botulphi Abbatis.
   Tract. de translatione sanctorum tornensium [of Thorney].
   Vita S. Guthlaci.
   Sermo b. Ambrosii de obseruancia Episcoporum.
   Ambr. de Misteriis.
   Ambr. de Sacramentis.   [1 *b*.
   Ambr. de utilitate et laude jejunii.
8*a*. [K.] Yponosticon Aug. contra Pelagianos et Celestianos.
9. L. Epistolae Paule et Eustochii ad Marcellam exortatoria de SS. locis.
   Epistola Ieronimi de Sepcies Percussa.
   Epistola eiusd. ad Occeanum de morte Fabiole.
   Epistola eiusd. ad Marcellam.
   Epistola eiusd. ad Letam de institutione filie.
   Plures Epp. Jeron. ad Marcellam.
   Item ad Occeanum de quest. Euuang. *Qui dixerit verbum aduersus
      filium hominis.*
   Item Ep. ad Marcellam.
   Item Ep. Jeron. ad matrem et filiam in Galliis commorantes.
   Item Ep. ad Castorinam materteram.
   Item Ep. eiusd. ad Salvinam de Nebredio et viduitate seruanda.
   Item Ep. eiusd. ad Aggeruciam de Monogamia.
   Questiones eiusd. ad Hedibiam, s. duodecim.
10. M. Tract. Joh. Crisostomi super Ep'las Pauli ad Hebreos.
    Tract. eiusd. de vii. horis diei.
11. N. Aug. de mendacio ad Concensium liber unus.
    Item alius liber de mendacio.
    Item duo libri ad Vincensium de eadem re.
    Aug. de natura et origine anime ad Renatum.

8, = *Harley* 3097.   10. Probably the Opus imperfectum in Matth. preceded.

Item alius liber de nat. et orig. anime ad Petrum.
Sermo Arrianorum.
Aug. contra eundem sermonem.
Aug. contra aduersarium legis et prophetarum libri ii.
Aug. de adult. coniugiis libri ii.
Sermo S. Aug. de pastoribus.
Item Sermo eiusd. de ouibus.
Aug. ad Marcellinum de spiritu et littera liber unus.
Sentencia Aug. de libro retract. super librum de unico baptismo.
Aug. de unico baptismo liber unus.
Ep. Aug. ad Marcellinum de quibusdam questionibus.
Aug. contra Donatistas de baptismo libri vii^{tem}.
Aug. ad Marcellinum de baptismo paruulorum libri ii.

12. O. Sexaginta .v. questiones Orosii Presb. et totidem responsiones Aug.
Epp. Senece ad Paulum.
Epp. Pauli ad Senecam.
Ep. Anselmi archiep. de Sacrificio Azimi et fermentati.
Anselmus de process Spiritus Sancti.   [2 *a*.
Anselmus Cur Deus homo.
Formula vite honeste Martini Ep. que agit de iiii^{or} virtutibus
     Cardinalibus.
Musa Martini .i. Cato Nouus : *lingua paterna sonat.*
Lanfrancus contra Berengarium de corpore et sanguine Domini.
*Quedam soluciones Ernulfi Ep. Rofensis ad quasdam questiones
     Lamberti Abb. S. Bertini.
Sermo Eusebii de corpore et sanguine Domini.
Sermo Ysodori Hispalensis Ep. de eadem re.
Quid quibus temporibus sit legendum aut canendum.
Comentum Boetii de Trinitate.
Expositio super idem Comentum.
Libellus contra Euticen et Nestorium.
Exp. super eundem.
Ysidorus de ordine creature.
Ep. S. Bacharii ad Januarium.
Anselmus de concordia presciencie et predest. et gracie dei cum
     libero arbitrio.
Consuetudines Monachorum Cluniacensium.
Epp. diuerse Pontificum.
Passio S. Laurencii versifice.
Passio S. Mauricii sociorumque eius versifice.

     12. The asterisked item is mentioned by Leland (7).

Versus de S. Pafnucio.
De penitencia Thaidis meretricis.
Versus de transgressione Jone prophete.
Versus de Jepte.
Versus de Susanna.
Exortacio vite honeste.
Vita S. Austroberte V. versifice et diuersa eiusd. miracula.

13. P. Questiones Albini de Genesi et soluciones.
Tract. de mensuris et ponderibus.
Interpr. quorundam nominum V.T.

14. Q. Sermo Aug. de Cantico nouo.
Sermo de iiii^ta feria.
De Cathaclismo.
De tempore barbarico cum sermone de Trinitate.
Liber proemiorum Ysidori cum libris V.T. et Novi.
Liber Ysidori de ortu et vita patrum V et N.T.
Ysidorus de patribus V. et N.T. quis cuius tipum gesserit.
Cathalogus Ysidori de Catholicis Scriptoribus.   [2 b.
Cathalogus Jeron. de Cathol. Script.
Ep. Gelasii P. et septuaginta Episcoporum de recipiendis et non
     recipiendis libris.
Cathalogus Genadii de Cathol. Script.
Item Cathalogus Ysidori de Cathol. Script.
*Exp. Roberti Tumbeleye super Cantica Canticorum.
Exp. S. Cipriani M. super orationem Dominicam.
Duo libri Soliloquiorum S. Aug.
Aug. de Immortalitate anime liber unus.
     de quantitate anime liber unus.
     de definicionibus Eccl. dogmatum liber unus.
Quedam excerpta de iii^bus libris Aug. contra Parmenianum.

15. R. Aug. de vera religione liber i.
     ad Valentinum de gracia et libero arbitrio liber i.
     de viii^to questionibus Dulcicii.
     contra Pellagianos de Predestinacione diuina.
Responsiones Aug. ad quedam sibi falso obiecta contra fidem.
Sex Sermones Aug. de Nativ. Domini.
Sermo Eusebii de Nativ. Domini.
Sermo Origenis de Circumcisione domini.

14. = *Lambeth* 202, which early in cent. XV was at Oxford and was read there by Thomas
Gascoigne.   The asterisked item mentioned by Leland (6).

iii Sermones Aug. de Epiph. domini.
Aug. de Doctrina Christiana.

16. S. Liber Hildefonsi Ep. de perpetua virginitate B. Marie.

17. T. Aug. de Virginitate.
de Nuptiis et Concupiscencia.
Liber Soliloquiorum Ysidori Yspalensis Ep.

18. U. Quedam excerpta de scriptis diuersorum Doctorum.
Libellus de Tonis.
Prouerbia Senece.
Expositiones diuersarum parcium.
Aug. de verbis Domini.
Item de tempore municionis [minucionis?].
De duodecim lapidibus.
De proprietate cantus auium.

19. X. Apotheosis v $\overline{\text{PN}}$ ad D [*or* Q.] $\overline{\text{PN}}$ $\overline{\text{SS}}$ PD [*or* Pt].

20. Y. Chronica Prosperi.
Aug. de diuersis questionibus.
Genadius.
Sermo Aug. de dedicacione Ecclesie.
Ysidorus super librum Regum sed imperfectus.

21. Z. Ep. ad Aug. Quodvultdei Diaconi.
et Aug. ad Quodvultdeum Diaconum.

22. A. ii. Beda de Compoto et de naturis rerum.
Chronica Bede.
Liber Dionisii Abbatis urbis Rome ad Petronium Ep. de Compoto.
Ep. eiusd. ad Bonifacium de eadem re.
Helpricus de Compoto.
Tract. de xii signis et signa depicta.
Sentencie diuersorum de cursu stellarum.
Racio regularum Abaci.

23. B. ii. Beda super Tobiam.
super triginta questiones de libris Regum. [3 *a*.
super Canticum Abacuc.
de Templo Salomonis.
Aug. contra quinque hereses.
Sermo Aug. de muliere forti.

22. Cf. Abbots 54 (Benedict), Libellus de compoto. Harley 3667 may be a fragment of this. 23. = *Lambeth* 191.

Jeron. super Ecclesiasten.
Tract. Ernulfi Ep. Rofensis de Incestis Coniugiis.

24. C. ii. Retract. Bede de quibusdam questionibus precedentis tract.
Interpretaciones Bede de quibusdam nominibus ebraicis.

25. D. ii. Beda super verbum Neemie sacerdotis liber i.
liber i Magni Aur. Cassiodori Senatoris de anima.

26. E. ii. Omelie Cesarii Ep. ad Monachos per x omelias.
Omelie Eusebii Emiseni ad Monachos per viii omelias.
Admonicio B. Cesarii Ep. ad sororem suam.
Regula S. Basilii Capadocie Ep. per octo et decem capitula.

27. F. ii. Bernardus de Consideracione ad Eugenium Papam.

28. G. ii. Translacio S. Cuthberti Ep.
Duodecim libri Cassiani.
liber x Collacionum a Johanne Heremita conscriptus.
Item vii Collaciones ab eodem conscripte.

29. H. ii. Ambrosius de sacramentis libri vi.
Id.   de Misteriis lib. i.
Id.   de Officiis libri tres.
Item Johannis Constantinopolitane ciuitatis Ep. de compunccione cordis libri iiii[or].

30. I. ii. liber Ambrosii de Nabuthe.

31. K. ii. Ambrosius de laude virginum libri iii.
Item de laude viduarum lib. i.
De Virginitate libri ii.
Ep. Ambrosii ad Verselensem Ecclesiam.
Sermo eiusdem de lapsu virginis consecrate.
          ad violatorem.
Lamentacio eiusdem super eisdem.

32. L. ii. Ambrosius de Patriarchis lib. i.
ii libri eiusdem de excessu fratris sui.
iii libri eiusdem de laude virginum.
i liber de laude Viduarum.
ii libri eiusdem de virginitate.

24. Apparently *Copenhagen, Ny K. Saml.* 1854, beginning with Bede's Expositio super Acta Apost., cent. XII.
25. Doubtless preceded by Beda super Ezram.
27. Cf. Abbots 43 (Benedict), Liber Bernardi abb. ad Eug. Papam.
28. Probably preceded by Bede's Vita Cuthberti.

Sermo eiusdem de lapsu virginis consecrate.
ad violatorem.
Lamentacio eiusdem super eisdem.

33. M. ii. Libellus de differenciis parcium.

34. N. ii. Exposicio libri Jesu Nave de morte Moysy.
libri Judicium.
super Ruth.
Regum iiii^or.

35. O. ii. Liber Penitencialis in fine.

36. P. ii. Alquinus ad Guydonem Comitem de viciis et virtutibus.
Glose super Epp. Pauli.   [8 *b*.
Liber cintillarum.
Miracula de ymagine Domini.
Tract. cuiusdam de Dedicacione Ecclesie.
Item de Clericis ordinandis.
Item de conueniencia V. et N.T.

37. Q. ii. Vita S. Martini Ep.
Altercacio Apostolorum cum Simone Mago.

38. R. ii. Vita S. Egidii Abbatis.

39. S. ii. Etates ab origine mundi.
Tract. sic incipiens *Euuangelistis*.
Exp. super Orat. Domin.
Quedam Euuangelia glosata.
Tract. de Sacramentis.
Liber penitencialis sive pastoralis mag. Bartholomei Exon. Ep.
Tract. de diuersis libris Biblie.

40. T. ii. Dares Frigius de excidio Troje.
Libellus Pauli de itinere Enee et de casibus eius.
Gesta Romanorum Valenti Maximo Augusto conscripta.
Liber de origine et gestis Francorum sed imperfectus.
Gesta Tyrii Appolonii.

41. U. ii. Historia persecucionis Africane provincie tempore Geisirici et Henrici Regis Wandalorum a S. Victore Episcopo Patrie Vitensis conscripta.

36. Cf. *Helmingham* 6, beginning with Rabanus super Genesim.
37. Cf. *Bodl.* 61.   The Recognitions of Clement will have begun the volume.
41. Cf. *Bodl.* 53, and also Royal 15. B. xvi.

42. X. ii. Ep. Alexandri ad magistrum suum Aristotilem.
Dares Frigius de Excidio Troje.

43. Y. ii. Fulgencius de expositionibus fabularum.
Dares Frigius de excidio Troje.
Prophetia Sibille.

44. Z. ii. Liber graduum.
Libellus sic incipiens *Es ustum*.

45. A. iii. Commentum Heribosii super Afforismos Ypocratis.
Liber Galieni de febribus.
Antibalomenon.
Isagoge Johannicii.
Item Antibalomenon.
De fleobotomia.
Plinius de Phisica.

46. B. iii. Decreta Willelmi Bastardi et emendaciones quas posuit in Anglia.
Tract. Mag. Joh. Beleth de officiis Ecclesiasticis et consuetudinibus.

47. C. iii. Litera que sic incipit: *Hugoni S. Victoris Priori.*

48. D. iii. Tract. de Computacione a sinistra in dextram.
Regula S. Basilii.
Liber Sermonum sic incipiens: *Humilitas moris est.*
Duo libri soliloquiorum Ysidori.
Aug. de conflictu viciorum.
Ep. Jeronymi ad Paulinum Presb. de capitulis diuinorum librorum,
non tota.   [4 *a*.

49. E. iii. Ambrosius de Nabuthe.
Vita S. Wadrigisili Abb.
Passio S. Nichasii sociorumque eius.
Passio S. Dionisii sociorumque eius.
Lib. de inuentione miraculisque eorum.
Vita S. Wulfranni Ep.

50. F. iii. Decreta Gregorii de quiete Monachorum.

51. G. iii. Liber Sermonum sic incipiens: *Dicite pusillanimes.*

52. H. iii. Tract. Cipriani de xii abusiuis seculi.
Formula vite honeste.
Septuaginta quinque Epp. Cipriani.

53. I. iii. Epp. Ernulphi Lexouiensis Ep.
Excidium Troie versifice.
Tract. de astronomia.
Vita S. Agnetis versifice.
Versus de ruina urbis Rome.

54. K. iii. Edilnulphus de Monachis [= Ethelwulf].

55. L. iii. Visio Baronte Monachi.
Narracio Josephi de S. Maria Magdalena.
Tract. de naturis bestiarum et volucrum.

56. M. iii. Formula vite honeste.
Versus de Jona propheta et de Thaida.
Passio S. Laurencii versifice.
Vita S. Marie Egypciace sec. Hildebertum Cenomanensem Ep.
Passio S. Mauricii sociorumque eius versifice.
Versus Hildeberti Cenomanensis Ep. de Missa.

57. N. iii. Interrogaciones et responsiones optime de Theologia que sic
incipiunt : *Deus summe verus et vere summus.*
Anselmus de vera penitencia.
Sermones pauci.
Excerptiones libri Pastoralis B. Gregorii sic incipiens : *Ipsi
regnauerunt.*
Introductiones de quibusdam themis ad predicandum.
De conueniencia V. et N.T.
Simphonius Eusebius Jeronimus in Exposicionem Marci.
Quedam questiones et soluciones de Trinitate cum aliis.
Liber Hugonis qui dicitur Summa Diuina.
Tract. de ordinibus et ordinandis et de excellencia sacrorum
ordinum et de vita ordinandorum sec. Hugonem.
Item diuerse materie per vii folia sequencia, prima materia
sic incipit : *Quoniam fecisti iudicium meum.*
Exp. super certos versus Psalterii sic incipiens : *Beatus vir*, cum
aliis diuersis sequentibus.
[Liber Richardi Folkingham, *in margin.*]
Liber qui sic incipit : *Dei Omnipotentis.*
Compendium sentenciarum sec. Mag. Hugonem.
Notule super Scolasticam Historiam.
De mistica uel allegorica significacione propriorum nominum
que leguntur in V.T.

54. Cf. *Bodl.* 163, which contains Bede's Historia, followed by Ethelwulf's poem.
55. In the same MS. Visio Baronti follows Vita S. Fursei.

Allegorie de V.T. sec. Mag. R. de S. Victore per xiiii^{cim} libros.

Tract. de orat. Dominica. [4 *b.*

58. O. iii. Tract. de oratione et modo orandi et quo studio vel affectu
orandus sit Deus.

Tract. de vii peticionibus in orat. Dominica.

Alia distinccio de vii peticionibus.

Titulus super Symbolum.

Tract. super Simbolum Apostolorum.

59. P. iii. Tract. de interdictu Anglie.

Tract. de trino modo precandi.

De miseria humane condicionis.

Descripcio loci ameni et de mensibus anni.

Tract. de virtutibus imitandis et earum distinccionibus.

Vita S. Thome martyris versifice.

Liber qui sic inc.: *De cupiditate Ade.*

60. Q. iii. Compendium V.T.

Exorcismus Baptismatis (-lis ?).

61. R. iii. Tract. super *Aue Maris Stella.*

Meditaciones Gwydonis.

Tract. super *Magnificat.*

Tract. super Euuangelium *Qui manducat.*

Descripcio ecclesiastici pastoris.

Tract. qui sic inc.: *Ne videar magnificare.*

Prophecie Merlini versifice.

62. S. iii. Templum Domini.

Tract. de modo confitendi.

Tract. qui sic inc.: *Bona in tempore.*

Tract. qui sic inc.: *Domum fecit Salomon.*

De penitencia iniungenda religiosis sec. M. W. de Montibus.

Qui bene presunt versifice.

Regula B. Francisci.

Tract. de Sacramento altaris.

Casus quibus excommunicatur quis ipso jure.

Tract. de vii etatibus.

63. T. iii. Tract. de nominibus deorum.

Historia Britonum.

Ambrosius super Lucam.

Sermones diuersi.

Compilacio excerpta de Confessionibus Aug., et Epp. Leonis
Pape, et libris Cassiani, et aliorum Doctorum.

64. U. iii. Liber penitencialis Bartholomei Exon. Ep.
Liber sermonum.

65. X. iii. Hugo de Folieto de edificacione claustri materialis.
Tract. super quibusdam psalmis de Psalterio.

66. Y. iii. Liber soliloquiorum.
Tract. de ij. luminaribus.
Ethimologie quorundam nominum.
Meditaciones Hugonis de S. Victore.
Compilacio diuersarum questionum.
Visitacio infirmorum.
Phaletolum cum exp. eiusdem.

67. Z. iii. Tract. qui sic inc. : *Quantum docet in clemencia.*
Liber moralis philosophie.
Tract. qui sic inc. : *Miraculum.*
Dissuacio Valerii ad Ruphinum ne ducat uxorem.   ⌊5 *a.*
Libellus de diuersis rebus.

68. A. iv. Vita S. Swythuni.
Tract. qui sic inc. : *Amor terrenus inviscat animam.*

69. B. iv. Ambrosius de Officiis.
Libellus de diuersis rebus.
Tract. de differenciis in Crucibus faciendis in Canone sic
incipiens : *In virtute sancte Crucis.*

70. C. iv. Liber sermonum per annum.
Liber de natura quarundam auium.

71. D. iv. Parvus tract. qui sic inc. : *Pax hominibus bone voluntatis.*
Tract. bonus qui sic inc. : *Quamlibet peritus.*

72. E. iv. Liber H. Prepositi de Sempringham de oratione et inquisicione
Dei.
Tract. qui sic inc. : *Qui viderit mulierem ad concupiscendam eam.*
Compendium penitenciale glosatum.
Tract. de agnicione peccatorum.

73. F. iv. Tract. de humilitate monachorum.
Tract. de arte qui sic inc. : *Introducendus in hanc facultatem.*
Diuisiones et subdiuisiones soni per quas peruenitur ad proposi-
ciones.
Item ars disserendi siue discernendi verum a falso.
Tract. qui sic inc. : *Cum hoc nomen.*
Tract. de Baptismo.

74. G. iv. Exactis de Romana ciuitate.
Seneca de remediis fortuitorum malorum.

75. H. iv. Tract. de operibus vi dierum.

76. I. iv. Tract. de modo precandi.
Tract. Petri Blesensis sic incipiens : *Quid sit mundus.*

77. K. iv. Exp. Remigii super ffocam de nomine et verbo.
Vita S. Agnetis.
Expositiones quorundam verborum.

78. L. iv. Tract. de Sponso et Sponsa scil. Christo et Ecclesia.
Exp. Bernardi super Canticum Canticorum.

79. M. iv. Quidam tract. qui sic inc. : *Ductus est in desertum.*
Ordo de celebrando Concilio.
Tract. de Philosophia.
Versus de hiis que sunt insinuanda in sermonibus.
Statuta generalis Capituli nigrorum Monachorum celebrati Oxon.
Alia Statuta ordinis Monachorum que sic inc. : *In primis.*

80. N. iv. Descripto iiii[or] Euuangelistarum, et quid significant figure illorum.
Tract. super illum versum : *Homo cum in honore esset.*
Paruus tract. de Jure.

81. O. iv. Constituciones Abbatum Archiepiscopatus Cantuar. apud Oxon.
facte.
Consilium Oxon. sub Magro. S. Archiep. Cantuar. celebratum.
Libellus de modo penitendi et de penitencia iniungenda.
Sermones Stephani Archiep.
De virtutibus et viciis.
Distincciones sec. ordinem Alphabeti.
Tract. de Trinitate et unitate.
De vocabulis que de Deo dicuntur vel ab eterno vel ex tempore.
De processu negociorum ciuilium et ordine judiciorum.

82. P. iv. Tract. de iiii[or] virtutibus Cardinalibus. [5 *b.*
Tract. de preceptis legis.
Questio quare magis Filius sit incarnatus quam Pater vel Spiritus
sanctus cum aliis questt. de Theologia.

83. Q. iv. Aliud Psalterium de B. Virgine et orationes de eadem.
Tract. de Incarnatione Domini et redempcione humani generis.
Meditacio Anselmi Archiep. ad excitandum timorem dei.

84. R. iv. Vita S. Osuualdi versifice.
Sermones.
Annotationes de rerum creacione ad excitacionem memorie.

85. S. iv. Sermones et optima dicta Cancellarii Lincoln. per totum annum.
Sermones eiusdem et Epp. ad Sanctimoniales.
Sermones Mag. Reginaldi Gupyl.

86. T. iv. Tract. Mag. Ricardi de Circestre super simbolum maius et minus.
Exp. Precentoris super Orat. Domin.
Tract. Ricardi Ep. London. ad Regem Henricum Ritmice.
Tract. de Sacramentis.
Postille super Marchum.
Glose super eundem.
Utilis tract. de Thabernaculo Moysy.
Item multi tractatus de Sacramentis.
Glose super Matheum.
Quedam expositt. super Epp. Pauli, et questiones.
Glose super Exodum.
Quidam Sermones Gilberti Ep. Roffensis.
Quedam questiones Mag. Praepositi[ui].

87. U. iv. Sermones Alexandri Necham et aliorum.
Eufrastica eiusdem cum sermonibus.
Moralia Stephani Cantuar. super Exodum et Judicum et Ruth.

88. X. iv. Quidam Sermones Mag. Rogeri Supprioris Heliensis et Mag C. et Mag. W. de Montibus.
Quidam versus glosati eiusdem W. de Montibus.
Similitudinarium eiusdem.
Tract. eiusdem de Philosophia.
Sermones Mag. Alexandri Necham.

89. Y. iv. Quedam excerpta de glosis super Psalterium.
Quedam Epp. Jeronimi.
Accepciones quorundam nominum in Theologia.
Historia Pentateuci.

90. Z. iv. Quidam versus.
Excerpta de Sermonibus et Omeliis S. Aug.
Explanacio verborum in legibus.
Quidam Sermones S. Archiep. et Alexandri Necham.

---

84. Cf. Abbots 115 (Robert de Sutton).   Vita S. Thomae et S. Oswaldi versifice.
88. Cf. Abbots 81 (Walter de S. Edmundo).   Versus M. W. de Montibus.

Historia Tobie versifice.
Utilis tract. cuiusdam ad Novicios.
Instruccio Prioris de Esseby ad Novicios cum distinccionibus
    virtutum et viciorum, et philosophia   [6 *a.*
Versus Mag. P. de V. et N.T.
Quedam utilia sec. Mag. R. Supprioris Heliens.
Quidam Sermones Alexandri Necham.
Tract. de Penitencia secundum Suppriorem Suwa.
Quedam exerpta de Darete.

91. A. v. Liber de gestis Normannorum.
        Gesta Karoli sec. Turpinum Ep. quomodo adquisiuit Hispaniam.

92. B. v. Collectare Ade de S. Victore de septem Septenis.
        Epistole W. de Montibus ad Moniales.
        Morale dogma versifice.
        Cantor super Genesim.
        De Psalterio Alexandri Necham.

93. C. v. Glose Stacii Tebaidos.
        Glose Ouidii de Ponto.
        Glose Nasonis Tristium.
        Glosa que sic incipit: *Auctor iste Venusinus.*
        Tract. quare Ars dicitur reperta (*apparently* repta).

94. D. v. Dialogus inter Moysen et Petrum.
        Due Epp. Jeron. ad Paulinum et Nepocianum de vita Cleri-
           corum et Monachorum.
        Ep. eiusdem de decem nominibus quibus deus nominatur apud
           Hebreos.
        Disputacio Jeronimi de Racione anime.
        Dialogus Aug. et Jeronimi.
        Ep. Jeronimi ad Rusticum Monachum.

95. E. v. Tres libri Marcii Tulli Ciceronis Tuscularis.
        Liber Platonici philosophi de Deo Socratis.
        Glose super Ouidium m(agn)um.
        Glose super Precianum.
        Libellus de diuersis rebus.
        Tract. contra vicia.
        Liber de comprehendenda corporum proceritate.
        Lib. de diuersis rebus inter Decium et Post⟨um⟩ianum.

      95. Liber de diversis (etc.) = Macrobii Saturnalia.

De diuisione dierum Romanorum Atheniensium Babiloniorum
et aliorum.
Item de diuersis nominibus in V.T.

96. F. v. Rasis et Almasor Auctores per x libros de Phisica.
Ars Medicinalis.
Summa Mag. Rogerini super Viaticum.
Item Practica.
Viaticus Isaac.

97. G. v. Liber Sermonum.
Tract. super Epp. Pauli et super ii Epistolam Petri.

98. H. v. Notule super Canonicas Epp.   [6 *b.*
Bathoniensis ad Nepotem suum.
Liber de Philosophia.
Tract. de Compoto.
Liber Petri Adelfonsi.
Tract. de quibusdam libris V.T.
Liber de Phisica.
Item de figuris in gramatica.

99. I. v. Compendium V.T.
Detrimentum regni Jerosolimitani et desolacio eius.

100. K. v. Proposiciones Petri Blesensis Bathon. Archid. contra perfidiam
Judeorum.
Lamentaciones eiusdem de hominis corrupcione.
Sermones ad religiosos.

101. L. v. Practica Mathei Platearii.
Glose Oribasii super librum urinarum Theophili et
super librum Pulsuum Philareti et
s   l   Pronosticorum Ypocrates et
s   l   Afforismorum.
Antidotarium Nicholai.
Liber Mathei Platearii de simplici medicina.

102. M. v. Quaedam Moralia in Jeremia et Ezechiele sec. diuersos doctores.
Vita S. Hugonis Lincoln. Ep. versifice sec. Mag. H. de (?)Hariench.[1]
Quidam versus de mediis sillabis.
Quidam Rithmus de S. Cruce.
Certamen inter Regem I. et Barones versifice per Mag. H. de
(?) Hariench.
Tract. Innocencii Pape de Dulia et Latria.
Decem Sermones Alex. Necham.

---

[1] Cf. Hamerincham in 239 for Abrincensis?

Octo Sermones S. Archiep. Cantuar.
Item alii Sermones sec. diuersos doctores.

103. N. v. Sermo de Epiphania Domini.
Sermo de Passione Domini.
Proverbia Senece.
Excerpciones ex libris Senece de beneficiis.
Tract. Mag. Serlonis super Orationem Dominicam.
Seneca ad Callionem de remediis fortuitorum malorum.
Epp. Senece ad Lucillum.
Alloquium Anselmi Archiep. Cantuar.
Aug. de spiritu et anima.

104. O. v. Templum Domini.

105. P. v. Tract de Sacramentis.
Tract. super Genesim.
Tract super *Fulgebunt iusti*.

106. Q. v. Liber Penitencialis Mag. Roberti Flauiensis vel de S. Victore.
Quaedam diuisiones.
Persecucio Ecclesie sub Decio et Valeriano versifice.
Cum versibus de S. Osuualdo.

107. R. v. Tract super illud Genes.: *Vidit Jacob scalam.*
Tract super illud *Quoniam cogitacio hominis confitebitur tibi.*

108. S. v. Ympnarius glosatus. [7 *a.*

109. T. v. Sermones in festo Marie Magdalene.
Sermones Mag. Petri Manducatoris.

110. U. v. Tract. Alex. Nekham de tribus viribus anime.
Verborum significaciones super librum sentenc. Sec. Mag. Rog.
Salisburiensem.

111. X. v. Compendium Theologie qui sic inc.: *Deus unus est.*
Tract. Unde Missa exordium habuit.
De transubstanciacione Corporis Christi.
Excerpciones Epistolarum Cassiani.

112. Y. v. Exp. Mag. Petri super librum Job, Henrico Regi Anglorum.
Sentencia L. Archiep. de libertate Monachorum.
Quedam excerpta de libro Soliloquiorum Ysidori, S.: *Homo respondit racioni.*
Tract. de diuersis figuris et aliis partibus Gramatice, qui sic inc.:
Ferrum rubiginem.
Tract. de singulis libris Bibliotece tam N. quam V.T.

Tract. Innocencii iii de Dulia et Latria et cultu Dei et ymaginum.

113. Z. v. Versus excerpcionum V. et N.T. in quibus breuiter continetur
Summa tocius operis.
Liber Thobie et Job versifice.
Verba ffloris Judicis de Susanna versifice.
Omelia Origenis super Cant. Cant. versifice.
Contencio spiritus et carnis versifice.
Liber qui sic inc.: *Papa stupor mundi.*
Liber Marcii Valerii Marcialis Epigramaton ad diuersos auctores
versifice.

114. A. vi. Tract. de diuersis morbis mentis et corporis.
Meditaciones B. Bernardi.
Item: *Cur Deus homo.*

115. B. vi. Libellus B. Aug. qui dicitur Cherub.
Quedam notule de Confessione facienda.
Quedam leccio Mag. Ade de Marisco fratris minoris.
Quedam Epp. Senece ad Lucillum.
Liber de miseria humane condicionis.

116. C. vi. Sermo de viciis et virtutibus Petendam esse solitudinem versifice.
Tractatus de Trinitate.
De arte predicandi cum sermonibus sequentibus et literis
Innocencii Pape et aliorum.
Moralis exp. super Cant. Cant. Rithmice composita.
Sermo qui sic inc.: *Meliora sunt verba tua vino.*

117. D. vi. Sermones in Dominicis S. a. Dom. vi^{ta} usque ad xxv^{tam}.
Liber Sermonum Oracii.
Doctrinale Magnum.
Summa Ricardi Cancellarii Cantabrig.: *Qui bene presunt.*

118. E. vi. Grecismus.
Tract. de Accensu (-tu).
Tract. Radulphi de mediis sillabis.

119. F. vi. Liber Boecii glosati de Cons. Phil. [7 *b.*
Versus Licencii ad Aug. et versus Aug. ad Licencium.
Versus de Institucione Sacre Misse.

120. G. vi. Parvus tract. inter defensorem et accusatorem.

121. H. vi. Musica Boecii.
Musica Gwydonis et alii parui tractatus de Musica.

122. I. vi. Epp. Senece ad Paulum et Pauli ad Senecam.
Epp. Senece ad Lucillum.
Seneca de Beneficiis.
Seneca de Clemencia ad Neronem.
Seneca de Paupertate.
Seneca de Remediis fortune.
Ludicra Senece de Claudio Nerone, vel Ludus Senece.
Liber declamacionum Senece.
Trachedie Senece.
Seneca de naturalibus questionibus.

123. K. vi. Precianus de Construccione.
Precianus super xii versus Virgilii.
Institucio eiusdem de Nomine et Pronomine et Aduerbio.
Precianus de Accentibus.
Liber de Barbarismis et Solosismis.
Ysagoge Porphirii.
Categorie Aristotelis.
Liber peri amenias (erm-).
Liber diuisionum Boecii.
Cathegorici silogismi.

124. L. vi. Liber de arte poetica.
Sermones eiusdem.
Epistole eiusdem.

125. M. vi. Versus Bede presb. de die judicii.
Theodolus, Sedulius, Prosper, versus Abonis.
Versus Sibille de die iudicii.
Ouidius de mirabilibus mundi.
Ouidius de Sompno.
Diuinaciones Simphronii.
De pedibus metrorum & arte versificandi.
Regule de ultimis et primis sillabis.
Ouidius de anulo.
Ouidius de pulice.
Regule de primis et ultimis sillabis.
Regule de ultimis et penultimis.

126. N. vi. Expositiones quarundam parcium per alphabetum.
Remigius super Donatum maiorem et minorem.
Ysidorus super Donatum.

122. Cf. Abbots 35 (Benedict). Epp. Senecae cum aliis Senecis in uno Vol.

Libellus Bede presb. de metrica arte.
Remigius super ffocam gramaticum.
Institucio Preciani gramatici.   [8 *a.*

127. O. vi. Cato.
Quintus Serenus de Medicamine.
Simphonius de Diuinacionibus.

128. P. vi. Tullius de Diuinacione.
Timeus eiusdem.
Liber Tullii de Fato.
Libellus eiusdem de paradoxa Stoicorum.
Lucullus eiusdem.
Tres libri eiusdem de Legibus.

129. Q. vi. Tullius de Diuinacione.
Liber Tusculanarum Marcii T. Ciceronis.

130. R. vi. Epp. Senece ad Paulum et Epp. Pauli ad Senecam.
Racio ix Musarum secundum quosdam philosophos.
Culex Virgilii.
Dire Virgilii.
Copa Virgilii.
Versus Virgilii de *Est et non est.*
Versus eiusdem de institucione viri boni.
Egloga eiusdem de Rosis nascentibus.
Moretum Virgilii.
Epitaphia eiusdem a duodecim sapientibus conscripta.
Versus eorundem de diuersis rebus.
Versus de xii primis imperatoribus Romanorum.
Versus Sibille de die iudicii.
Versus Aug. Cesaris de laude Virgilii.
Liber Theodoli.
Versus de lapsu primi hominis.
Versus de Jephte.
Versus de Susanna.
Prouerbia Senece.
Disputacio inter Accusatorem et Epaminundam.

131. S. vi. Inuectiua Salustii in Ciceronem.
Salustius Crispus in Bellum Catilinarium.

132. T. vi. Macrobius de Sompno Cipionis.
Macrobius de Saturnalibus sed imperfectus.

133. U. vi. Liber Prosperi.
Versus Bede presb. de die judicii.
Versus Abonis.

134. X. vi. Prosper.
Cato.
Versus de die iudicii.
Dirocheum Prudencii.

135. Y. vi. Libellus Donati de voce, & literis, sillabis, pedibus, accentibus,
et posituris.
Libellus Seruii de modis sillabarum.
Donatus de Barbarismo.
Persius glosatus.
Sichomachia Prudencii.

136. Z. vi. Bucholica.
Georgica.
Persius.
Libellus Prudencii de laude Martyrum.   [8 *b.*
Dirocheum eiusdem.
Versus Abonis.
Macer de viribus herbarum.
Regule de primis sillabis.

137. A. vii. Macer.
Macrobius.
De Sompno Cipionis.
Glose super Platonem iuxta Mag. Manegaldum.

138. B. vii. Excerpta de versibus Marcialis coci.
Versus contra prepositos.

139. C. vii. Salustius.
Inuectiue Ciceronis in Catilinam libri iiii^{or}.
Inuectiue Salustii in Cic. et Ciceronis in Salustium.
Oracio Tullii pro Marco Marcello.
              eiusdem pro Quinto Ligario.
                   pro Rege Deiothario (de Jothario MS.).
Prouerbia Senece.
Dicta diuersorum doctorum et Gregorius de libertate Mona-
chorum.
De preuaricatione et penitencia Regis Salomonis quid senserint
sancti nostri Doctores, Aug., Jeron., Ambr., Bacharius, et
Beda.

D

140. D. vii. Ouidius de remedio amoris.
,,   Tristium.
,,   Fastis.

141. E. vii. Ouidius Tristium.
,,   in Ibyn.
,,   de Nuce.
Versus de mirabilibus mundi.
Ouidius de Sompno.
        de medicamine faciei.
        de medicamine aurium.
        de anulo.
        de pulice.
        de cuculo.
Dares Frigius de excidio Troje.
Fulgencius de expocistione fabularum.

142. F. vii. Ouidius Epistolarum.
        de arte amandi.
        de remedio amoris.

143. G. vii. Ouidius de arte amatoria.
        de remedio amoris.
        sine titulo.
        de Ponto.
        de Fastis.
Glose super Ouidium in Ybin.
Tract. de hiis que querebantur antiquitus in principiis librorum.
Beda de Tropis.

144. H. vii. Donatus minor.
Tract. eiusd. de voce et litera & thonis accentibus et posituris.
Donatus maior.   [9 a.
Dialogus de partibus orationis et alia quedam de gramatica
        pueris instruendis utilia.
Institucio Preciani gramatici.

145. I. vii. Liber Eutici Gramatici.
Commentum Sedulii super eundem.

146. K. vii. Cato per equipollenciam libri iiii^{or}.
Liber Auiani de fabulis. s. *Rustica deflenti*.
Persius.

147. L. vii. Interrogacio quarundam parcium et responsio.
Tract. de pedibus metrorum.

Versus de ludo Scaccorum.
Regule de primis sillabis sic incipiens : *Regula splendescit.*
Item regule de primis et mediis sillabis.
Regule de ultimis sillabis.
Item regule de primis. i. *Labilis et labes.*
Colores Rethorici.
Tract. de Thonis.
De Simphonia facienda.
De Organis faciendis.
De tintinnabulis.
Item de Organis.
Ep. Gerberti ad Constantinum de Proporcionibus.
Textus Rithmachie.
Abacus.
Libellus de Compoto.
Tract. de Computacionibus annorum ab origine mundi usque ad Christum.
Figure et diuisiones.
Item Scriptum de Compoto.
Compotus Gerlandi.
Compotus Philippi de Tann Gallice.
Item Kalendarium.

148. M. vii. Remigius super Donatum.
Item libellus Bacharii.
Sentencia Anselmi de mocione altaris.
Ep. Senece ad Callionem de remediis infortuitorum.
Anselmus de Concordia presciencie et predest. gracie Dei cum lib. arb.
Exposiciones parcium per Alphab. usque ad I literam.

149. N. vii. Versus qui sic inc. : *A de peccatum.*
            „   „   *Res monet.*
Notule super Poetriam.
     „   „ Persium.

150. O. vii. Tullius de Senectute.
           de amicicia.

151. P. vii. Glose super Precianum imperfecte.

152. Q. vii. Versus inter Mariam et Angelum.
Questus fratrum de prepositis suis.
Versus de Clauibus Philosophie.
Querimonia ouis de lupo.
                                 [9 *b.*

153. R. vii. Liber Petri Elie super maius volumen Preciani.
Item liber de Construccione.
Summa Mag. Roberti Blund de gramatica.
Liber de Barbarismo et Silogismo.
Regule Mag. Serlonis de primis sillabis.
Liber qui sic inc. : *Inter Summa Philosophie.*

154. S. vii. Bernardus de amore Dei.
de diligendo Deum.

155. T. vii. Liber Esdre prophete.
Liber Methodii de Creacione mundi.
Liber qui vocatur Virgilio Centena prole (*sc.* Probae) Gentilium
Carmina ad obsequium fidei retorquentis.

156. U. vii. Notule Simachi.
Prouerbia Enodi.

157. X. vii. Tract. Mag. Alani Poretani de Arte predicandi.
Tract. super Missam. Item de eodem.
Glose super Canonem Misse.
Tract. de septem Septenis.
Tract. Prioris de Esseby de Arte predicandi.
Summa de iure. Alia de imperatoriis iudiciorum.
Sermo de Cruce et Sermo de uxore Leuite.
Tres Sermones Mag. Rogeri de Dominicis de Pentecoste.
Tract. eiusdem de domo sapiencie.
Duo Sermones Mag. Petri Comestoris.
Cherubyn de confessione.
Sermo Mag. P. Comestoris.
Sex Sermones Bernardi Abb. Clareuallensis.
Tres Sermones Mag. Petri Comestoris.
Quedam Regule Theologie.
Septem Regule Ciconii. Soluciones quarundam contrarietatum.
Sermo Mag. S. Archiep. Cantuar.
Tract. Innocencii Pape de miseria humane condicionis.
Tract. H. de S. Victore de oratione.
Glose Alexandri Nekham super *Quicunque wlt.*
Liber Ysidori ad Sororem suam Florentinam.

158. Y. vii. Trope Mag. W. Cancellarii Lincoln.
Duo Sermones Petri Comestoris.

153. Cf. Abbots 39 (Benedict). Summa Petri Helyae de grammatica cum multis aliis
rebus in uno Vol.
154. Cf. Abbots 43 (Benedict). Liber Bernardi Abb. ad Eugenium Papam.

Tract. de operibus vi dierum .i. Exameron.
Tract. de vi⟨i⟩ verbis Domini in Cruce.
Glose super Ympnos.
Tract. Mag. H. de S. Victore de Asscencione.
Tract. de septem septenis.
Versus Mag. Mathei Wyndonensis (*l.* Vindocinensis) super
Thobiam.
Versus sine A et . . .
Versus Mag. G. Vinesalui de Arte loquendi.
Summa Mag. Mathei Wyndoniensis de arte versificandi.
Eulogium Johannis Cornubiensis.
Summa de Jure.
Obiecciones Christianorum et Judeorum sec. Cancellarium
Lincoln.   [10 *a.*
Liber Bernardi Siluestris.
Tract. de misteriis numerorum.

159. Z. vii. Compendium V.T.
Tract. qui sic inc. : *Cum omnes prophetas.*
Matutini S. Marie de usu seculari.

160. A. viii. Tract. Mag. Petri Blesensis super librum Job.
Liber Mag. Roberti Cursoun de septem septenis.
Liber Bernardi Abb. Clareuallensis ad Eugenium Papam.
Liber Innocencii Pape de Miseria humane condicionis.
Liber Mag. H. de S. Victore de Oratione.
Glose Alexandri Nekham super *Quicunque wlt.*
Liber S. Ambrosii de bono mortis.
Sermo de Asscencione qui sic inc. : *Beatus vir cuius est auxi-*
lium abs te.

161. B. viii. Exposicio Hebraicorum nominum sec. Alphabetum.

162. C. viii. Exp. omnium parcium minus notarum in Biblia preter nomina
propria.
Sermones diuersi.

163. D. viii. Tract. de potestate clauium.
Tract. de Sacramento Penitencie.
Tract. de Penitencia religiosis iniungenda.
Tract. de Incarnacione Verbi Dei.
Quatuor Sermones.
Gesta Enee post destructionem Troie.

161. Cf. Æthelwold 3.

164. E. viii. Tract. de Consuetudinibus et Legibus Anglie.
Consilium Lateranense.

165. F. viii. Templum Domini.
Tract. de professione Monachorum.

166. G. viii. Testamentum xii Patriarcharum.
Historia Troianorum sec. Daretem ffrigium.
Vita Joachim.
Ep. Jeronimi Cromacio et Eliodoro.
Bernardus de Precepto et Dispensacione.
Quedam Epp. Bernardi.

167. H. viii. Octo Libri Phisicorum Aristotilis.
Quatuor Libri Celi et Mundi.
Quatuor Libri Metheororum.
Liber Veteris Ethice.
Liber generacionum.
Liber Noue Ethice.
Liber de Vegetabilibus.
Tres Libri de sompno et vigilia.
Liber de Morte et Vita.
Liber de Sensu et Sensato.
Tres Libri de Anima.
Liber de Causis.
Liber sic incipiens : *Quid sit Philosophia.*
Vndecim libri de consideracione.

168. I. viii. Aug. de conflictu viciorum atque virtutum.   [10 *b.*
Meditaciones Bernardi.
Salutes cuiusdam sapientis.
De Purgatorio Patricii.
Libellus de Penitencia W. de Montibus.

169. K. viii. Alquinus ad Guydonem Comitem de Virtut. adquirendis et Vic.
euitandis.
Quedam Miracula Edmundi Archiep.
Libellus Methodii Martyris.
Quedam Decretales Epp. ad ordinem Monasticum pertinentes.
Tract. Innocencii Pape tercij super Canonem Misse.

170. L. viii. Tract. Petri Alfonsi qui vocatur Scolaris disciplina.
Lapidarius Gallice.

---

164. Cf. Abbots 99 (Joh. de Caleto).   Concilium Lateranense.
165. Cf. Abbots 100 and 106.   166. Cf. Abbots 101.   167. Cf. Abbots 110.

171. M. viii. Ep. B. Bernardi ad Elredum Abb. que dicitur Speculum Caritatis.
Ecclesiastes.

172. N. viii. Exortaciones SS. diuersorum Patrum.

173. O. viii. Liber Pastoralis a Mag. J. de Deo compositus.
Speculum Juniorum.
Statuta Ottonis cum Consilio Oxon.

174. P. viii. Regule Juris.
Crisost. super Orat. Domin.
Exp. fr. Thome sec. Doctores de Orat. Domin.
Tract. fr. Thome de Orat. Domin.
Tract. eiusd. super Credo.
super Aue Maria.
de x preceptis.
de articulis fidei.
de Sacramentis.
Quedam de gestis Regis Ricardi.
Mirabilia quedam Anglie numero xxv.
Quedam dicta moralia.
Quedam Gesta antiquorum.
Quedam dicta poetarum.
Quedam de diuersis libris Senece.
De quibusdam Imperatoribus et Regibus.
ffabule hesopi.
Tract. de vitis Patrum.
De vita Cisterciensi.
De vitis Predicatorum.
De vita B. Dominici.
De B. Virgine, de diuersis sanctis.
Historie diuersorum.
Narraciones de Speculo Historiali.
Quedam de gestis Karoli Magni.
Verba Gregorii super Job.
Verba eiusdem super Ezechielem.
Verba Crisostomi super Matheum in imperfecto.   [11 *a.*
eiusdem super Johannem.
de reparacione lapsi.
de Compunccione.

171. Cf. Abbots 119 (Ric. de London). Regula S. Aug. cum speculo caritatis edita
a b. Bernardo.

Verba Originis de gaudiis beatorum et de suppliciis dampna-
torum.
Aug. completus de eisdem.
Quedam Methaphore et exempla.
Triginta duo Sermones de diuersis temporibus et gestis.
Tabula sec. ord. alphabeti et per vocales.

175. Q. viii. Tract. eiusdem de Confessione.
Tract. Mag. Rob. ad Stephanum Archiep.
Tract. Segeri de Confessione.
Tract. Mag. Rob. Flauiensis sic incipiens: *Res Grandis.*
Meditaciones Bernardi.

176. R. viii. Dilagus (Dialogus) Gregorii.

177. S. viii. Tract. qui sic inc. : *In virtute sancte crucis.*
Tract. de Confessione.   Sermones diuersi.
Tract. de Reuerentia Oracionis.
Mala quae preueniunt a septem mortalibus peccatis.
Ep. Baldewyny Archiep. de Penitencia.
Libellus Alchuini Leuite ad Guydonem Comitem.
Quomodo se homo debet habere in prosperis et aduersis.
Sermones diuersi.
Libellus de Misteriis que contigerunt ab initio mundi usque ad
Abraham et sic per omnes vi etates per viii libros.

178. T. viii. Tract. de Narracionibus Euuangeliorum.
Tract. quomodo confessio sit semel in anno facienda.
Sermo W. de Montibus.
Tract. de Penitencia religiosis iniungenda.
Tract. quanta sit virtus confessionis.

179. U. viii. Liber accentus. Tract. Mag. Petri Blesensis super librum Job.
Questiones de Regula S. Benedicti et Soluciones super tribus
substancialibus in eadem regula.

180. X. viii. Tract. de Themate in predicacione, de thematis dilatacione, de
dilatacionis ordinacione sic incipiens : *Quoniam emulatores.*
Tract. de libro Preciani et de aliis libris Philosophie et aliarum
parcium particulariter tangens materias sic incipiens : *Cum
omnis eloquencie doctrina.*
Tract. de animalibus sec. Aristotilem generaliter.
Exp. quorundam verborum contentorum in Regula S. Benedicti.

181. Y. viii. Tract. de Phisica.   Tract. de utilitate corporis excerptus de
secretis Secretorum Aristotilis.

Tract. de Condicione hominis et pro quibus conditus est.
Tract. de Penitencia.
Tract. de operibus Jerarchisis.
Tract. de Confessione facienda. [11 *b.*

182. Z. viii. Paruum Doctrinale. Cartula.
Apologia Bernardi ad Cluniasenses.
Speculum penitentis.
Versus de Biblia historialiter.
Tract. de Sacramentis et de x praeceptis.
Tract. Innocencii Pape iij^{cii} super Canonem Misse.
Ep. Nicholai Prioris S. Albani Mauricio Monacho.

183. A. ix. Dactile quid latitas.
Versus de morte Roberti Lincoln. Episcopi.
Tract. de noticia Sacramenti.
Sermones diuersi.
Quedam auctoritates S. Augustini.

184. B. ix. Breuiloquium pauperum. S. *Flecto genua.*
Quidam tract. de Misteriis Misse.
Quidam tract. disputatiuus de Immortalitate anime.

185. C. ix. Statuta et prouisiones Regum.

186. D. ix. Libellus de Causis.
Libellus de Articulis fidei.

187. E. ix. Oraciones diuerse.
Secretum Secretorum abreuiatum.
Meditaciones Aug.

188. F. ix. Meditaciones Aug.
Meditaciones Bernardi.

189. G. ix. Sentencie abbreuiate.
Tract. super Canonem Misse.
de quatuor virtutibus Cardinalibus.
de Professione Monachorum.

190. H. ix. Aug. de spiritu et anima.
Meditacio Bernardi.
Bernardus de Precepto et Dispensacione.
Aug. de diuisione potenciarum anime.

---

188. *Peterborough Cathedral* MS. 6 contains Pharetra in four books, Meditt. Augustini and Meditt. Bernardi imperf. at end. It is of cent. XIV, early. Finely written.

Innocencius super Canonem Misse.
Libellus Roberti Grostest Lincoln. Ep.
Liber eiusdem de Confessione.
Parabole Salomonis.
Liber Ecclesiastes.
Septem septene.
Speculacio pauperis in deserto.
Versus de Decretis.
Tract. de Sacramentis.   Tract. super Canonem Misse.
Test.^m XII Patriarcharum. s. filiorum Jacob.

191. I. ix. *Flecto genua.*   Meditaciones Bonauenture.
Itinerarium mentis in dominum (deum ?).
Formula vite honeste.   [12*a.*
Lamentacio Marie in morte Filii eius.
Tract. de Virtutibus.   Tract. de x Preceptis.
De iiii^{or} virtutibus Cardinalibus.

192. K. ix. Vita B.M.V.
Secreta secretorum Aristotilis.

193. L. ix. Medit^s fr. Bonauenture.
Libellus Martini Ep. s. Formula vite honeste.
Itin. mentis in dominum (deum ?).
Medit^s Bernardi.
Formula Monachorum a b. Bernardo edita.
Practica iiii^{or} virtut. Cardin. sec. narraciones exemplares.
Liber Aug. Ypon. Ep. de Diffinicionibus eccl. dogmatum.
Tract. Bernardi de dolore et Lament^{ne} B.M. in morte filii eius.
Tract. de Orat. Domin.   Tract. de x Mandatis.
Ep. Bernardi ad sororem suam volentem recedere a Monasterio.
Tract. de Aduentu, et utilitate Aduentus Christi sec. diuersos
    doctores, Et de signis ante diem judicii, de Antichristo, et eius
    signis et de die judicii, in uno tractatu.
Ep. fratris R. Domino G. Abbati Alpensi et fratribus eiusdem loci.
De Conuersacione Marie Magdalene post Ascensum domini et
    de Obitu eius sec. Josephum.

194. M. (corr. from N) ix. Orationes diuerse. Rithmus de memoria passionis
    domini.
Matutine de Cruce cum Passione depicta.
Quinque Gaudia B.V. Gallice cum ymaginibus depictis.
Orationes diuerse de Passione cum Passione depicta.

195. N. (corr. from M) ix. Bernardus ad fratres de monte dei.
Tract. de Arte predicandi.

196. O. ix. Medit[s] Aug. Aug. de Spiritu et Anima.
Tract. de Electione cum multis aliis.
Anselmus de Similitudinibus.

197. P. ix. Promissio primis parentibus facta post peccatum. De oleo
misericordie.
Medit[s] fr. Bonaventure.
Medit[o]. de Redempcione generis humani per passionem Christi.

198. Q. ix. Algorismus. Practica iiii[or] virtut. Cardinalium.
Theorica eorundem. s. formula vite honeste.
Questiones utiles de iiii[to] libro sentenc.
Bernardus ad Cluniacenses et contra eos.
Idem ad fratres de monte Dei.
Idem ad Eugenium Papam. Speculum Caritatis.

199. R. ix. Tract. de bonitatibus Triacle Gallice.
Ordinarium vite religiose s. Dietarium, et Itinerarium.
Vita S. Marie. Secreta Secretorum Aristotilis.
Tract. paruus sed imperf. de pronosticacione puerorum qui
nascuntur in certis planetis.
Regula S. Benedicti versifice.
Versus de urbanitate Latine et Gallice scripti. [12 *b*.
Versus de *Si dedero* et vii[tem] et iiii[or] alii versus sequentis.
Quomodo tres filii Noe regnum inter se diuiserunt post diluuium.
Versus de vii mortalibus peccatis.
Vita Ade et Eue et de Oleo misericordie.

200. S. ix. Tract. docens peccatorem perfecte Deum diligere, Gallice
scriptus.
Tract. de Penitenciis et Remissionibus.

201. T. ix. Tristrem Gallice. Amys et Amilion Gallice.

202. U. ix. Epp. Jacobi Petri et Johannis et Jude glosate.
Sermones diuersi.

203. X. ix. Gradale W. de Montibus. Sermones.
Glose super scolasticam Historiam.

204. Y. ix. Tract. qui sic inc.: *Extendit Jhesus manum.*
: *Gladius dicitur ipse deus.*
dicitur : *Passio Christi.*
quot modis redemit deus populum.

Tract. de Transitu.   Tract. de Virtute.
Tract. de Zelo.

205. Z. ix. Cant. Cant. glosata, Lament. Jeremie glosate.
Liber Sapiencie glosatus.   Liber Sap. non glosatus.

206. A. x. Concordancie quorundam verborum iiii⁰ʳ Euuangg ˢᵗᵃʳᵘᵐ alle-
gorice W. de Montibus.
Significaciones verborum eiusdem.
Concordancie eiusdem V. et N.T.
Prouerbia eiusdem.   Contrarietates eiusdem.   Regule Theo-
logie eiusdem.

207. B. x. Tract. de Arte predicandi.
Cherub de confessione.

208. C. x. Tract. super Euuang.: *In principio erat verbum.*
Tract. de ornatu Clericorum.
Questiones diuerse de Theologia.
Tract. super *Beatus vir.*

209. D. x. Tract. de Confessione.
Tract. de lapidibus.

210. E. x. Tract. de Penitencia.
Visio cuiusdam quae contigit in Osseria (*l.* Essexia).

211. F. x. Tract. de iiii⁰ʳ Sacramentis Ecclesiasticis.
Tract. de misterio Misse cum aliis.
Regula S. Basilii.
Tract. de iiii⁰ʳ humoribus ex quibus homo constat.

212. G. x. Quidam casus Decretalium.
Versus de 12 abusionibus claustralibus.
„   „   „   seculi.

213. H. x. Tract. Canonum discordancium.
Tract. super Psal. *Qui habitat* cum aliis.

214. I. x. Tract. de premissione Psalmorum.
Tract. de Canone Misse.

215. K. x. Summule diuerse de Theologia.
Tract. de Arte predicandi.
Significaciones quorundam nominum sec. Alphabetum.
Interpretaciones Hebraicorum nominum.
Concordancie Biblie distincte per v libros.

216. L. x. Liber qui sic inc. : *Flores gramatice.*   [13 *a*.
　　　Liber Distigii glosatus.
　　　Ouidius de mirabilibus versifice glosatus.

217. M. x. Consilium Lateranense.
　　　Liber qui dicitur Viaticus.
　　　Conc. Stephani Archiep. Oxon. celebratum.
　　　Tract. super Orat. Domin.
　　　Sermones diuersi.
　　　Tract. super lib. Leuitici.
　　　Promotheus de origine Juris Canonici.
　　　Exameron.
　　　Tract. Mag. Roberti super Exodum.
　　　Constitt. Honorii Pape tercij glosate.
　　　Conc. Octhonis London. celebratum.
　　　Tract. Mag. H. de S. Victore de Asscencione Domini.
　　　Tract. de causis Decretorum versifice.
　　　Glose super libros Regum.

218. N. x. Numerale in tribus quaternionibus sequentibus.
　　　Sermones et questiones in iii^bus quatern. sequentibus.
　　　De multiplici lepra, et vij peticiones, et sacrificia in ii^bus quatern.
　　　Versus Mag. Henrici de Vita S. Oswaldi et aliorum in vno
　　　　quaterno.
　　　Breuiarium Papie.
　　　Brevia Regis Henrici, et Articuli Justiciariorum.
　　　Ympnarius glosatus sec. Alex. Nekham.

219. O. x. Continencie in Decretis per distincciones, causas, et consecra-
　　　　ciones.
　　　Constitt. noue Innocentii Pape quarti.
　　　Constitt. apud Lugdun. promulgate.
　　　De Sentenciis Frederici quondam Imperatoris.

220. P. x. Liber de Miseria humane condicionis.
　　　Tract. de condicione hominis et pro quibus conditus est.
　　　Meditt. fr. Bonauenture.

221. Q. x. Versus differenciarum.
　　　Tract. de Phisica.
　　　Exp. super Canonem Misse.
　　　Prouerbia W. de Montibus per literas Alphabeti.
　　　Quidam sermones cum aliis rebus.
　　　Quedam notabilia Decretorum.

222. R. x. Auctoritates effectiue Sanctorum ad predicandum.
Sermones fratrum Predicatorum et Minorum.

223. S. x. Tract. de Philosophia sic incipiens : *Socrates in exhortacionibus*
Tract. de Mundo & Stellis & Planetis.

224. T. x. Tract. de Confessione audienda, et deuocione.
Quedam dicta collecta de dictis diuersorum Patrum.
Tract. de Conf. facienda. De pollucione nocturna.
De malo luxurie sec. diuersos Doctores.
De vij gradibus Ecclesie. De Continencia.
De vij mortalibus peccatis. De horis diei.
De penis Inferni. De fide spe et caritate.
Tract. qui sic inc. : *Sicut Turris Dauid.*

225. U. x. Meditt. Bernardi.
Liber Bernardi ad Anselmum Cardinalem de diligendo Deum.
Tract. eiusd. de gratia et libero arbitrio.
Tract. de deliberando et concilio capiendo.
Sermones Bernardi de Resurreccione Domini cum aliis ser-
monibus.
Sermones diuersi.   [13 *b.*
Templum Domini.
Dicta notabilia cuiusdam de multis et magnis periculis in
Ecclesiasticis.

226. X. x. Summa de Theologia.
Templum Domini.
Summa Mag. Simonis Cantuar. de viciis et virtutibus.
Sermones Mag. Nicholai Cancellarii Lincoln.

227. Y. x. Anselmus : *Cur Deus Homo.*

228. Z. x. Sermones in Dominicis post Pascha.
Tract. de Penitencia sec. Mag. Robertum.
Sermones diuersi. Miracula diuersa.
Versus de transgressione Ade. Tituli historiales Genesis.
Sermones in Aduentu et quadragesima.
Versus de etatibus mundi. Prouerbia libri Ouidii versifice.

229. A. xi. Moralis Philosophia.
Phaletolum.
Tract. de xii abusionibus seculi.
Regula B. Aug. a Roberto exposita.

230. B. xi. Ep. cuiusdam Prioris de consilio bene viuendi.
Speculum Penitencie Mag. W. de Montibus

De Sanctimonia conseruanda et viciis carnalibus et spiritualibus vitandis.
Bernardus ad Cluniacenses et contra eos.
Tract. Petri Abbatis S. Remigii de claustrali disciplina.
Psalterium metrice compositum.
Tract. de xii abusionibus seculi metrice compositus.
Psalterium Seculi.
Apocalipsis Gulie.

231. C. xi. Simphosius de diuinacionibus. Prouerbia Gregorii.
Quaedam summa Kystani Sacerdotis.
Anselmus de veritate, de libero arbitrio, de casu diaboli, de Incarnacione Verbi.
Medit. Anselmi Quomodo Gramatica sit substancia et qualitas.
De conceptu Virginali et originali peccato.
De sacrificio Asimi et fermentati.
De concord. presciencie predestinacionis et gracie cum libero arbitrio.
Anselmus et Bosco Cur Deus Homo.
Monologion Anselmi. Prosologion eiusdem.
Anselmus de Processione Spiritus Sancti.

232. D. xi. Meditt. Bernardi. Meditt. Anselmi Archiep.
Aug. de Spiritu et Anima.
Penitenciale fr. Segeri a canonibus compendiose extractum.

233. E. xi. Tract. breuis versifice qui sic inc. : *Pluribus in dubium.*
Liber Methodii historialis.
Historia Britonum. Prophetie Merlini.

234. F. xi. Diuisiones et diffiniciones vii viciorum capitalium.
Tract. Mag. Rob. de Lincoln de Confessione. s. *Qui cogitato . . .*
Tract. de leuioribus peccatis.
De Antitodis viciorum et xii abusionibus.
Bernardus de Precepto et Dispensacione.
Confessiones Aug.
Compendium Penitenciale glosatum Mag. W. de Montibus versifice.
Speculum penitentis W. de Montibus.
Tract. de Lege naturali et spirituali.
Medit. S. Aug. [14 *a.*
Tropi Mag. H. Abrincensis de B. Virgine.

235. G. xi. Excerpta B. Aug.de Decretis.
Diffiniciones et diuisiones vij viciorum capitalium, et auctoritates.
Penitenciale glosatum Mag. W. de Montibus versifice.
Tract. R. Ep. Lincoln. de Confessione.
Bernardus de Precepto et Dispensacione.
Meditt. Bernardi.
Excerpta B. Bernardi de xii gradibus humilitatis.
Apologia B. Bernardi ad Cluniacenses et contra eos.
Compendium Penitenciale. s. que sunt peccata magis periculosa.
Summa Mag. J. Cornubiensis. Qualiter fiat Sacramentum altaris
per virtutem S. Crucis; et de vij Canonibus vel Ordinibus
Misse.
Tract. veterum patrum de venialibus peccatis.
Ep. Bernardi ad Monachos. Lib. de Claustrali disciplina.
Tract. Innocencii Pape de Dulia et Latria.

236. H. xi. Tract. super Simbolum fidei. Tract. super Orat. Domin.
Tract. super vij Dona Spiritus Sancti. Tract. super iiij^{or} Vir-
tutes Cardinales.
Tract. super iiij^{or} Virt. Theologicas. Tract. super vij vicia
capitalia.
Tract. super vij Sacramenta Ecclesie. Tract. super ij mandata
Caritatis.
Tract. super x precepta legis. Tract. de erroribus Laicorum.

237. I. xi. Diffiniciones et species virtutum et viciorum sec. W. de Montibus.
Quod salubris sit memoria passionis Christi sec. Bernardum.
Summa Mag. J. de Cancia de Decretis.
Tract. de Confessione et Contemplacione.
Tract. de purgatorio Patricii.

238. K. xi. De miseria humane condicionis.
Tract. de virtutibus qui sic inc.: *Dominus virtutum ipse est*
Rex glorie.

239. L. xi. Tract. de diuersitate Curiarum.
Tract. de sentencia Excommunicacionis sec. Reymundum.
Cronica Alexandri.
Versus de judiciis urinarum glosati, et non glosati.
Tract. de xij abusionibus Claustri.
Prouerbia auctorum.
Expositiones parcium Biblie.
Promotheus versificatus.

237. Cf. Abbots 107 (Rob. de Sutton). Summa M. J. de Cantia cum aliis rebus.

Sompniarium.
Proposiciones magis famose primi libri Phisicorum et aliorum
librorum.
Versus de Decretis sec. Henricum de Hamerincham (ham̃inch).
Versus eiusd. de Decretalibus. Versus de Decretis cum senten-
ciis eorundem.
Sentencie versificate.
Questiones et responsiones inter animam et Racionem.
Tract. Gallicus de modo Confessionis et ordine cum aliis rebus
Gallice scriptis.
Tract. de modo minuendi.

240. M. xi. Parvus tract. de Alis Confessionis.
Quidam Rithmus sic incipiens : *Qui wlt sane* (? *sauo*(*i*)*r*) *seynt
escrit* & sensum Tropologicum.
Altercacio inter Mag. Henr. de Hamrincham et Mag. Michaelem
versifice.

241. N. xi. Versus W. de Montibus sic incipiens : *Ciues celestes*, etc.
Quomodo Dominus Innocencius Papa canonizauit B. Ed-
mundum.
Vita S. Thome Martyris et Miracula aliorum sanctorum.

242. O. xi. Regula S. Francisci. Regula S. Basilii. Regula S. Augustini.

243. P. xi. Matutine B. Virginis de miraculis eius composite.
Tropi Mag. P. Ab(r)incensis de B. Virgine.
Compilatio breuis de Conf. semel in anno facienda.

244. Q. xi. Casus diuersi extracti de Decretis et Decretalibus. [14 *b*.

245. R. xi. Tract. Symonis de Henton de Cruce Christi.
Meditt. fr. Bonauenture edite ad edificacionem fratrum minorum.
Rithmus de passione Christi. Rithmus de memoria Christi.
Templum Domini.
Meditt. Bernardi.
Tract. de misteriis misse.
Vita S. Alexis Gallice.
Versus Mag. Michael Cornubiensis contra Mag. H. Abrin(c)en-
sem.
Liber Penitencialis fr. Segeri per Decreta et Decretales effectus.
Afforismus. Pronostica Ypocratis.
Regula S. Benedicti Gallice exposita.

239, 240. Hamerincham for Abrincens(is)? 241. Cf. Abbots 81.
245. Cf. Abbots 94.

E

246. S. xi. Tract. de Penitencia.
Tract. de ordinacionibus et de hiis que concernunt ordinaciones.
Pastorale Mag. I. de Deo.
Tract. de Confessionibus.

247. T. xi. Collaciones Domini Will. de Hotot Abbatis, de sentencia Mag.
W. Antissiodorensis.
Historia B. Edmundi Gallice.
Regule Theologice.
Compendium W. Mag. de Montibus de Penit. religiosis iniungenda.
Inquisiciones fratrum minorum in Confessionibus. Inquisitt. contra religiosos.
Tract. de Philosophia. De iiii^or generibus disputacionum.
Tract. de octo tonis. Tract. de hiis que sunt insinuanda in sermonibus.
Tract. de Sacramentis.
Tract. Petri Abb. S. Remigii de Claustro materiali.
Tract. de quadruplici similitudine. Tract. de virtutibus.
Tract. de aliquibus uerbis contentis in iii° lib. Regum.
De capitalibus viciis.
Tract. optimus qui sic inc. : *Beatus Benedictus*, etc.
Tract. sic incipiens : *Si habes brachium sicut deus.*
Tract. de Musica.

248. U. xi. Pastorale a mag. Joh. de Deo compositum.

249. X. xi. Regula S. Basilii. Diffinicio Confessionis.
Sermo sic incipiens : *Si habes.*
Salutes cuiusdam sapientis.
Bernardus de periculo temptacionis.
Aug. de origine anime vel de Spiritu et anima.
Sermo sic incipiens : *Ecce sacerdos.* Qualiter fit Sacramentum Altaris.
Sermo sic incipiens : *Ecce elongaui.* Quid sit Predestinacio.
Summa de originali peccato : Liber de vij Septenis.
De Conf. que dicitur Cherub. De conflictu viciorum.
Questio de Sacramento Altaris. Exp. super Canone Misse.
Sermo sic incipiens : *Nigra sum.*
Vita S. Thomae Martyris versifice.

250. Y. xi. Tract. de Anima sic incipiens : *Si ignoras te O pulcherrima mulierum.*

247. Cf. Abbots 92.   248. Cf. Abbots 183.

251. Z. xi. Tract. Ratriani (Ratramni) de eo quod Christus natus est de Virgine.

252. A. xii. Tract. de multiplice diuisione potenciarum anime. Test^m. xii Patriarch. Oleum misericordie.

253. B. xii. Gesta Salvatoris que inuenit Theodosius magnus Imp. in Jerusalem in Pretorio Poncii Pilati in codicibus puplicis a B. Ambrosio Doronensi Ep. conscripta.
De ii^bus fratribus cum Domino resuscitatis testimonium ei perhibentibus.
Confessio Judeorum coram Pilato de Domino Jhesu.
Ep. Pilati ad Imperatorem de Jhesu.
De Tyberio Imp. et Confusione Pilati.
De Veronica et dampnacione Pilati.
Narracio de assumpcione S. Marie.
Visio Elizabeth de assumpcione eiusdem.
Quomodo creuit arbor de qua facta est Crux : Miracula B. Marie.

254. C. xii. Regula S. Benedicti versifice.
Tract. sec. literas Alphabeti sic incipiens : *Auaricia.*

255. D. xii. Casus disputatus de eo qui intrauit religionem uxore sua in seculo remanente. [15 a.
Registrum in Decretis.
Tabula duplex in Euuangelium sec. Canones.

256. E. xii. Collaciones de singulis libris Bibliotece sec. ordinem Alphabeti.
Quedam Omelie Cesarii Ep. ad Monachos.
Admonicio B. Cesarii Ep. ad Sororem suam.
Exp. super Malachiam Proph. et alie multe p p'ᵓ (per prius?) de diuersis.
Penitenciale sic incipiens : *Petisti a me.*
Simphonius versifice de Diuinacionibus.   Item Sermones diuersi.

257. F. xii. Epp. Canonice et alie Epp. glosate.   Sermones diuersi.
Tract. de Conf.   Tract. de his que sunt inquirenda in Conf.
Penitencia religiosis iniungenda.   Libellus de Silencio seruando.
Speculum Penitencie a mag. W. de Montibus edita (!).
Consilium Oxon. Stephani Archiep.
Diffinicio superbie et eius speciebus (!).

258. G. xii. Versus de xij abusionibus. Libellus Secundi Philosophi de silencio.
Compend. penitenciale glosatum. Speculum penitentis sec. W. de Montibus.
Penitencia religiosis iniungenda sec. W. de Montibus.
De peccatis religiosorum contingentibus. De peccatis contra naturam contingentibus.
De vij capitalibus viciis. De inquisicione peccati. De his qui se inebriant.

259. H. xii. Quedam Ep. ad Monachos sic inc^{ns} : *Dilecto Patri.*
Decretum Innocencii Pape.
Quedam Ep. Bernardi ad Monachos. Bernardus de Precepto et Dispensacione.
Tract. de solacio anime. Sermo sic inc^{ns} : *Omne quod natum est.*
Sermo sic inc^{ns} : *Ut filii lucis.*
Exp. Regule S. Benedicti a Smaragdo edita.
Regula S. Basilii. Regula S. Francisci.
Correccio siue reprehensio prelatorum qui sic inc.: *Scire desideras.*
Prophetia Sibille de Incarn. Verbi. Tract. de xv signis cum versibus.
Tract. de Antichristo. Tract. de vij viciis principalibus.
Tract. de Matre Domini et sororibus suis.
Tract. de x^{cem} praeceptis.
Tract. quo die diuina sapientia uterum Virginis ingressa est, cum quibusdam versibus sic inc^{ns} : *Cum fortuna tibi.*
Tract. de Remedio professionis Monachorum.
Summa Mag. J. de Cancia de Penitencia.
Tract. Petri Blesensis super Librum Job.

260. I. xii. Noua Logica.
Ethica noua.
De sompno et vigilia. De sensu et sensato.

261. K. xii. Vita S. Francisci. Testamentum eiusdem. Regula eiusdem.
Miracula Fremundi Martyris. Vita et passio eiusdem.
Vita S. Edmundi Cantuar. Archiep.

262. L. xii. Tract. de vij Sacramentis. Tract. de x preceptis.
Aug. de differencia spiritus et anime. Exp. super Canonem Misse.

Libellus Petri Alfulsi qui vocatur Scolaris disciplina.
Exp. super Simbolum Apostolorum.

263. M. xii. Tract. super Simbolum fidei. Tract. super Orat. Domin.
Tract. super vij dona Spiritus Sancti. Tract super iiii^{or}
Virtutes Cardinales.
Tract. super (4) Virtutes Theologicas. Tract. super vij vicia
capitalia.
Tract. super vij Sacramenta Ecclesie. Tract. super ii^o mandata Caritatis.
Tract. super x precepta legis. Liber parui doctrinalis.
Quomodo *Salve Regina* fuit ordinata. [15 *b*.
Tract. de Confessione imperfectus Gallice.
Meditt. Bernardi.

264. N. xii. Tract. de complexione hominum.
Fallacie et supposiciones et alie summule.
Diuersa capitula Decretalium.
Parua summa de dolore dencium.
Quedam excerpta de Magistro historiarum.

265. O. xii. Tract. qui sic inc. : *Dauid in spiritu.*
Tract. de Kalendario.
Tract. sic inc^{ns} : *Laboraui in ludum.*

266. P. xii. Liber de Causis. Versus de Decretis.
Tract. de Philosophia. s. *Tunc opinamur.*
Tract. sic inc^{ns} : *Inter summas.*
Tract. de his que sunt inquirenda in confessione.
Collaciones diuerse. Tract. de sapiencia.
Boecius de disciplina scolarium. Sermones diuersi.

267. Q. xii. Tract. de ortographia.
Bernardus de Prec. et Disp.
Tract. Innocencii super Canonem Misse.
Ysagoge Mag. H. in Theologia.
Questiones de Anima et eius pria.
Phisica Alexandri edita ab Aristotile.

268. R. xii. Articuli diuersi pro quibus quis excommunicatur.
Versus de Sacramento altaris.
Quedam Canones. Versus de vij mortalibus peccatis et
eorum speciebus.
Tract. de Philosophia. Litere diuerse.
Tract. de Sole.

269. S. xii. Versus de induciis (iudiciis) urinarum.
Liber qui dicitur Morale scolarium.
Tract. de terra Tartarorum.

270. T. xii. Quedam Metaphore sumpte a naturis bestiarum.
Versus de Penitencia. Tract. de Penitencia.
Versus de operibus vi dierum.
Errores Originis.

271. U. xii. Algorismus.
Tract. de Spera.
Liber Phaletolum Alexandri Nekham.

272. X. xii. Summa Segeri.
Tract. de confessione religiosorum.
Soluciones quorundam contrarietatum.

273. Y. xii. Disputacio inter Animam et Racionem.
Liber de Sacramentis V. ac N.T.
Compend. Penitenciale glosatum.
Tract de Confessione.
Sermones diuersi. Tract. de societate mulierum vitanda.
Paruus tract. de superbia.

274. Z. xii. Exp. super Canonem Misse.
Templum Domini cum illo tract : *Quoniam cogitacio.*
Summa de x Preceptis et vij Sacramentis.
Libellus de Institucione Nouiciorum.
Aug. de Spiritu et Anima.
Tract. Innocencii Pape de Missa.
Bernardus Siluestris.
Versus qui sic inc : *Scribo Sampsoni.*   [16 a.
Versus Jo. Sarisburiensis in Policraticon.
Jeronimus de proprietatibus.
Tract. de Gramatica.
Versus de nominibus volucrum.

275. A. xiii. Liber Penitencialis sec. R. Lincoln.
Liber Penit. glosatus. s. *Peniteas cito.*
Symbolum maius et minus.
Speculum penitentis a Mag. W. de Montibus edit.
Liber Petri Alfonsi. Versus de Decretis.
Solacium anime.
Rithmus Gallice et Latine sic incipiens : *Ky uult sauoyr.*

276. B. xiii. Solacium anime. Liber de miseria humane condicionis.
Meditt. Bernardi.
Tract. super Canonem misse.

277. C. xiii. Ep. Cesarii fratribus Blagatensibus Monasterii.
Aug. de conflictu viciorum.
Praedicacio Rob. Lincoln. viris religiosis.
Narraciones diuerse.
Tract. de pace reformata inter Deum et homines.
Tract. de Confessione.

278. D. xiii. Regula S. Benedicti. Templum Domini.
Liber Petri Aldulphi (Alphunsi ?).
Excerpta B. Bernardi de xij gradibus humilitatis.
Bernardus ad Cluniasenses et contra eos.
Que sunt peccata magis periculosa.
Ep. B. Bernardi de Prec. et Disp.
Qualiter fit Sacramentum altaris per virtutem S. Crucis.
Remedium professionis. Solacium anime.

279. E. xiii. Meditt. Bernardi. Tract. de professione Monachorum.
Questiones Mag. Albini super Genesim.
Seneca de iiii^or virtutibus. Regula B. Francisci.

280. F. xiii. Descripcio Northfolchie.
Consuetudines terre Saracenorum.

281. G. xiii. Liber soliloquiorum Ysidori.
Compilacio excerpta de diuersis doctoribus.
Item due alie Compil. uniuersorum doctorum.
Quedam excerpta de Canonibus.
Precepta Regularia in Regula S. Aug.
Tract. sic inc^ns : *Necessarium valde est.*

282. H. xiii. Macer de viribus herbarum.
Tract. contra diuersas infirmitates.
Tract. sic inc^ns : *Aer.*
Experimenta diuersa.

283. I. xiii. Sermones diuersi. Excerpta de diuersis doctoribus et de
decretis.
Versus sic inc^tes : *Fraus profert florem.*
Tract. de peccato in Spiritum S.
Versus de maliciis feminarum.
Vita Simonis de Monteforti Rithmice.

Vita S. Thome Martyris Anglice.
Septem mortalia peccata gallice cum eorum speciebus.

284. K. xiii. Tract. de Phisnomia.
Descripcio terre Northfolchie.
Historia S. Georgii.
Unde vij mortalia peccata gallice.
Exp. sompniorum.
Tract. qui dies Lune sunt boni et qui mali.
Tract. compil. ex dictis diuersorum doctorum et poetarum.

285. L. xiii. Solacium anime.   Liber Penitencialis ad Religiosos et
Laicos.   [16 *b*.
Item Launcereys de Confessione.

286. M. xiii. Psalt. B. Marie.
Formula vite Monachorum a B. Bernardo edita.
Breuis Compil. de Confessione. Tract. de Humilitate.
Regula B. Benedicti. Regula B. Aug. Regula B. Basilii.
Psalt. B. Jeronimi cum aliis rebus.

287. N. xiii. Liber de naturis lapidum cum moralitalibus.

288. O. xiii. Item moralitez gallice.

289. P. xiii. Tituli librorum decretalium.
Tract. de seruicio tenebrarum.
Tract. de Eukaristia et aliis festiuitatibus anni.
Interpretacio Hebraicorum nominum.

290. Q. xiii. Sermo de destructione Jerusalem cum multis aliis capitulis.
Quaedam excerpta de libro Soliloquiorum Ysidori : Racio
dicit, Homo respondet.
Tract. excerptus de quodam tract. H. de S. Victore de
Coniugio inter Mariam et Joseph.
Tract. de consilio capiendo cum aliis bonis.
Tract. contra eos qui dicunt sine corporali commixtione
non esse perfectum matrimonium.
Regula B. Benedicti. Regula S. Aug.
Versus de Monachis.   Descriptio corporis humani.
Tituli Cardinalium.
Liber metricus V. et N.T.
Contencio Spiritus et Carnis metrice.
Versus de descripcione nominum diuersorum, ut Roberti et
Ricardi et aliorum.
Item versus de diuersis materiis cum dictis sapientum.

291. R. xiii. Regula S. Basilii.
Ep. Aristotilis ad Alexandrum.
Item Job, Aug. de conflictu viciorum, cum aliis rebus.
Aug. de verbis Domini.
Quedam excerpta de diuersis Doctoribus et Canonibus.
Septem mortalia peccata Gallice. Liber Job.
Tract. metrice compositus sic inc^{ns}: *Post tempus horridum.*

292. S. xiii. Tract. de xij abusionibus Claustri.
„ „ xij „ seculi.
Historia Tartarorum.
Libellus de vita et moribus Tartarorum et eorum actibus.
Tract. inc^{ns} sic : *Duo bona.*

293. T. xiii. Tract. super illud Pauli : *Si Spiritu viuimus.*
Tract. de Confessione.
Vita S. Edmundi Archiep.
Liber Adulphi (Alphunsi) qui dicitur Scolaris disciplina.

294. U. xiii. Tract. de Logica qui sic inc. : *Quoniam in disserendo.*
Disputacio Fisicorum de interpretacione Sompniorum.
Tract. de Superbia. Tract. de Confessione.

295. X. xiii. Tract. de Mundo et eius miseria Gallice.
Liber Penitencialis glosatus.
Spec. penitentis editus a Mag. W. de Montibus.
Solacium anime.
Confessio Roberti Lincoln. Ep.
Versus glosati de Compoto Kalendarii.
Libellus qui dicitur Massa Compoti.
Versus de decretis glosati.
Versus de hiis qui deficiunt in accusacionibus. Orationes
diuerse.

296. Y. xiii. Salutationes et Meditt. ad B. Mariam. [17 a.
Meditt. fr. Bonauenture. Liber qui dicitur Doctrina anime.
Causa quare Robertus Grostest Ep. Lincoln. fuerit a D. Papa
excommunicatus.
Solacium anime. Tract. super illud *Nolite ante tempus judicare.*
De ordine Monachorum per Epistolas missas.
Orationes diuerse.

297. Z. xiii. Meditt. Bernardi. Vita S. Edmundi Archiep.

292. Cf. Abbots 188.

298. **A. xiv.** Regula S. Benedicti.
Tract. sic inc[ns] : *Racionem autem humani corporis.*
Versus de vita Monachorum omniumque hominum.
Versus de decretis.
Formula vite Monachorum a B. Bernardo edita.
Libellus de conflictu Aug. viciorum et virtutum.
Regula S. Basilii.
Compend. Penitenciale glosatum.
Tract. de vij Sacramentis. Tract. de x Preceptis.
Exp. super Canonem Misse.
ii Libri Soliloquiorum Ysodori Ep.
Tract. qui⟨dam⟩ in lingua Romana sec. Rob. Grostest Ep. Lincoln. De principio Creacionis mundi, de medio et fine.
Vita S. Alexis Gallice.

299. **B. xiv.** Summa que dicitur Laus diuine Sapiencie et vij libri.
Macer de viribus herbarum.
Tract. de ymagine mundi.

300. **C. xiv.** Aug. de libero arbitrio. Regula S. Basilii.
Vita Religiosorum a B. Bernardo edita.
Meditt. B. Bernardi.
Bernardus de Prec. et Disp.
    de xij gradibus humilitatis.
    ad Cluniacenses et contra eos.
Boecius de disciplina Scolarium.
Aug. de xij abusionibus.
Liber de vij septenis.
Tract. de misteriis Misse.
Aug. de Spiritu et anima.
Liber differenciarum Ysidori.
Alquinus de vic. et virt.
Formula vite honeste.
Aug. de conflictu viciorum.
Ambrosius de vij Sacramentis.
Templum Domini.
Tract. Vett. Patrum de Venialibus et minoribus peccatis.
Liber de Dulia et Latria.
Liber de miseria humane condicionis.
Ysidorus de naturis rerum.
Aug. de obseruancia Episcoporum et Prelatorum.
Aug. qualiter homo factus est ad ymaginem et similitudinem Dei.
Aug. de Caritate.

301. D. xiv. (*About 8 lines blank.*)

[**17** *b.*

302. E. xiv. Summa Mag. J. Cornubiensis qualiter fiet Sacramentum altaris.
Speculum penitentis editum a Mag. W. de Montibus.
Liber Soliloquiorum Ysidori Ep.
Aug. de conflictu viciorum et virtutum.
Tract. Innocencii Pape de Dulia et Latria.
Liber Penitencialis sec. Mag. R. Cantuar. Archiep.
Meditt. Bernardi.
Liber de miseria humane condicionis.
Tract. Mag. Petri Blesensis super librum Job.
Regula S. Benedicti.

303. ff. xiv. Meditt. B. Bernardi.
Aug. de conflictu vic. et virt.
Liber de miseria humane condicionis.
Summa Mag. Cornubiensis super Canonem Misse.
Tract. Mag. Petri Blesensis super librum Job.

304. G. xiv. Tract. qui sic inc. : *Vidit Jacob scalam.*
Tract. super *Te igitur clementissime Pater.*

305. H. xiv. Liber de naturis lapidum.
De his que sunt bona ad choitum faciendum.

306. I. xiv. Tabula Salernica secundum modum Salernicatorum.

307. K. xiv. Tract. de confessione Gallice.
De vij mortalibus peccatis Gallice.
Quomodo Karolus adquisiuit coronam domini Gallice.
De bello Vallis Runcie cum aliis Gallice.

308. L. xiv. Miracula B. Virginis Gallice.

309. M. xiv. Sermones diuersi. Allegorie V. ac N.T.
Tract. super orat. Domin. Item Sermones.

310. N. xiv. Libellus de Confessione cum diffinicionibus vij capitalium
viciorum.

Diuisiones vij Capitalium vitiorum cum speciebus et ramis et circumstanciis eorum sec. Mag. Alexandrum Episcopum Cestrie.
Tract. de Penitencia iniungenda.

311. O. xiv. Matutine cum horis de Cruce cum depinctione passionis uniuscuiusque hore.
Medit. de passione D. N. I. C.

312. P. xiv. Visio cuiusdam que contigit in Estsexia.
Tract. quare in Parasceue non consecramus.
Quedam notabilia excerpta de libris Jeronimi contra Jouinianum.
Regula S. Benedicti.
Gesta Barlaham et Josaphat.
Versus Qualiter sit orandum.   Versus de Passione Domini.
Sermones diuersi.   Tract. de Meditat. S. Crucis.
Tract. de Confessione.
Que Clerici tenentur facere.   Item Sermones diuersi.
Visio cuiusdam Episcopi.
Tract. sic inc^ns : *Conflictus Spiritualis siue Corporalis.*
Tract. de Monachis.
Historia de S. Eduuardo metrice composita.
Versus sic incipientes : *Humane menti.*
[Here at bottom of 17 *b* intervene A. xv, B. xv.]

313. Q. xiv. Concepcio S. Marie cum assumpcione eiusdem Gallice. [18 *a*.
Vita et Passio S. Thome Mart. Cantuar. Archiep. Gallice.

314. R. xiv. Papias versifice.

315. S. xiv. Regula S. Benedicti versifice edita.
Regula S. Basilii.   Regula S. Aug.

316. T. xiv. Elucidarium.
Exp. Bernardi super *Missus est.*
Tract. de xij abusionibus.
Solacium anime.   Aug. de conflictu vic. et virt.
Edicio de die iudicii.
Medit. de S. Cruce.
De oleo misericordie post peccatum promisso.
Medit. de redempcione humani generis per mortem Christi.

317. U. xiv. Item de Instruccione anime.

318. X. xiv. Manuale qui nos adiscit viam ad celum Gallice.
Tract. de x praeceptis Decalogi Gallice.
Tract. de vij mortalibus peccatis cum eorum speciebus et narracionibus diuersis.

Tract. de vij Sacramentis Gallice.
Fabule diuerse Poetarum moraliter reducte Gallice.
Kalendarium cum tract. de Compoto.
Sermo Rob. Grostest quem predicauit in presencia Pape.
Tract. de Philosophia.
Paruus tract. de Theologia.
Meditt. Bernardi.

319. Y. xiv. Libellus de Institucione Nouiciorum sec. Mag. Hug. de S. Victore.
Quedam questiones et soluciones super certis articulis in Regula Benedicti.

320. Z. xiv. Historia Britonum.
Gesta Karoli Magni in Hispania quomodo liberauit viam Jacobitanam a potestate Paganorum.
Bellum contra Eygolandum.
Bellum contra Ferrantum (?)
Bellum [contra] Runcie vallis.

[17 *b.*]

321. A. xv. Quidam Sermo quomodo creuit arbor de qua facta est Crux Christi.
Vita S. Marie Virginis. Solacium Anime.
Vita S. Fremundi Regis et Mart.

322. B. xv. Consuetudines et Statuta terre Saracenorum.
Quedam scripta translata a Greco in Latinum a R. Grostest.
Tract. de vij mortalibus peccatis et eorum remediis.
Tract. de diuersis dictis Doctorum.

[18 *a* bottom following G. xv.]

323. C. xv. Liber Salutaris Alquini Diaconi.
Principium libri sintillarum cum aliis rebus.
Versus qui sic inc : *Dum mea me mater.*
Item versus de dictis diuersorum Doctorum.

[18 *a* following Z. xiv.]

324. D. xv. Itinerarium. libellus de articulis fidei.
Tract. de vij peticionibus in orat. Domini.
Tract. de x preceptis. Tract. de vij Sacramentis.
Tract. de iiij^{or} Virtutibus Cardinalibus. Tract. de dono Spiritus Sancti.
Item de Beatitudinibus.

325. E. xv. Tract. B. Bernardi de dolore et lamentacione B. Marie in morte filii eius.

Speculum spiritualis amicicie.

Tract. super *Aue Maris stella.*

Testamentum 12 Patriarcharum.

Narracio Theodosii Judei amico suo Philippo Argentario quomodo Jhesus filius Dei electus fuit et Computatus Sacerdos inter eos fuit et quomodo Maria probata fuit Virgo.

Vita cuiusdam Virginis nomine Elizabeth que (cui) stigmata Jhesu Christi recencia et manifesta in corpore eius apparuerunt.

De Secundo Philosopho qui silencium seruabat, et de questionibus Adriani Imp.

Quid Maria Magdalena egerit post Ascencionem.

Liber Ysopi versifice.

326. F. xv. Consuetudines Eccl. Dorobernensis quas Lanfrancus misit Priori et Conuentui.

Extracta Gratiani de Decretis.

327. G. xv. Questiones diuerse Gallice. [18 *b*.

De malis quae proueniunt ex dispensacione Gallice.

Erudicio Juliani ad discipulum eius Gallice.

Infancia Saluatoris Gallice.

Tract. qualiter Dominus in cruce commendabat matrem suam Johanni Ewangeliste Gallice.

[The last four articles *may* belong to C. xv., but more probably to G. xv.]

328. H. xv. Regula B. Benedicti.

Exp. super Regulam S. Aug. sec. H. de S. Victore.

Tract. de Informacione Nouiciorum.

Diadema Monachorum.

Exaemeron H. de S. Victore.

Ep. Aristotilis ad Alexandrum de Medicina, cum aliis.

Prouerbia Senece.

Aug. de vera et falsa penitencia.

Questiones de iiii^or libris Regum.

Tract. qui sic inc: *Quoniam interiorum.*

329. I. xv. Fabule de animalibus et auibus moraliter Gallice.

Qualiter Sibilla Regina posita sit in exilium extra Franciam, et quomodo Makayre occidit Albricum de Mondisdene.

Versus de quodam Claustrali facti.

330. K. xv. Aug. de con(flictu) viciorum.
de Ecclesiasticis dogmatibus.
Libellus de iiii^{or} virtutibus Cardinalibus.
Aug. de verbis Domini.
Meditt. Aug. Meditt. Bernardi.
Formula vite honeste. Regula B. Basilii.
Vita B. Virginis.
Tract. B. Bernardi de lamentacione B. Marie in morte filii eius.
Quedam summa de naturis animalium.

331. L. xv. Tract. Gregorii de exp. diuersorum vocabulorum sec. Alphabetum.
Tract. Gramaticalis de accentu mediarum sillabarum sec. Alphabetum.

332. M. xv. Ysodorus de summo bono.
Distincciones super 4^{tum} Sentenciarum versifice sec. Alphabetum.
Versus prouerbiorum Gallice et Anglice.
Tract. de Sacramentis.
Tract. de ornamentis Misse pro diuersis Prelatis et Sacerdotibus et quid significant, et de spectantibus ad Missam.
Versus qui sic inc. : *Scribo Sampsoni.*
Tract. de diuersis languoribus curandis.

333. N. xv. Tract. de vero amore Gallice.
Vita S. Alexis Gallice.
Narraciones diuerse moraliter reducte.
De discrecione spirituum.
Tract. de vanitatibus et occupacionibus mundi Gallice.
Vita S. Margarete Gallice.

334. O. xv. Tract. Bernardi de dolore et lament. B.V. in morte filii eius.
Secreta secretorum Aristotilis. [19 *a.*
Tract. de iiii^{or} Virtutibus Cardinalibus.
Templum Domini. Tract. de Confessione.
Speculum penitentis Mag. W. de Montibus.
Compend. penitenciale.
Regula S. Basilii.
Aug. de conflictu viciorum.
Tract. de Articulis fidei.
Modus confitendi saltim semel in anno.

335. P. xv. De Antitodis viciorum.
De Prec. et Disp.
Concilium Octhonis.

Tract. de exercitu omnium virtutum principalium.
De Inchoatione Bruti et aliis Regibus.
Littere diuerse.

336. Q. xv. Guy de Burgoyne Gallice.
Gesta Otuelis Gallice.

337. R. xv. Conuencio facta tempore Godfridi (d. 1321) Abbatis inter
Sacristam et Vicarium Burgi ex una parte et Sub-eleemosi-
narium Burgi ex altera de oblacionibus percipiendis in Capella
S. Thome Mart. iuxta portam.

338. S. xv. Sinonimis.   Tract. paruus de gramatica.
Accentarius.
Liber qui dicitur Comentarie.
Equiuoca.
Diccionarius.
Alexander paruus.

339. T. xv. Liber Elucidarii.
Regula S. Basilii.
Liber Soliloquiorum Ysodori.
Tract. de diuersis penitencie fructibus et Collacione Pahuncii
(Paphnucii) Abbatis.
Aug. de conflictu viciorum.
Summum bonum.

340. U. xv. Exitus B. Marie.
Vita S. Thome Mart.
Liber metrice compositus qui sic inc : *Cum indumentum.*

341. X. xv. Visio cuiusdam Monachi de Euesham.
Visio Audoeni de Purgatorio Patricii.
Seneca de verborum copia.

342. Y. xv. Ordinarium vite religiose.
Vite B. Marie Virginis.
Formula vite honeste.
Priuilegium Domini Pape Agathonis de Ecclesia Burgi.
De preuaricacione et penitencia Salomonis quid senserint
SS. patres nostri Aug., Jeron., Ambr., Bacharius, et Beda.
Solacium Anime. s. *Meo me totum.*

343. Z. xv. De ludo Skaccarii moraliter.
De oleo misericordie.

342 = Gonville and Caius Coll. MS. 437.

344. A. xvi. Lamentacio gloriose V. Marie Gallice.
De xij Articulis fidei Gallice.
De x preceptis Gallice.
De vij Peccatis criminalibus Gallice.
De tractatu Confessionis Gallice.
De vij sacramentis Gallice.
Quedam utilis instruccio sapientis Gallice.
De confessione speciali Gallice.
Quedam oraciones Latine et Gallice.
Pater noster cuidam sancte mulieri express'a Gallice.
Tract. de origine mundi sec. Rob. Grostest Gallice.   [19 *b*.
Porta Clausa Gallice.
Exp. Euuangelii *In principio* Gallice.
De regina omnium viciorum superbia Gallice.
Meditt. Bernardi Latine.
*Oratio sine devotione est quasi corpus sine anima.**

345. B. xvi. Amours ou estis venus.
Lumer de Lais Gallice.
Speculum Edmundi Gallice.
Pater Noster Gallice.
Contemplaciones pro diuersis horis diei Gallice.
Contemplacio de Passione Christi Gallice.
Disputacio inter spiritum et animam Gallice.

346. C. xvi. Prouerbia senece.
Liber qui vocatur *Housbondrie* Gallice.
Historia Anglorum Gallice et Rithmice.
Computacio annorum ab inicio mundi usque ad tempus
Edwardi filii Regis Eduuardi.

344. Another hand : that of f. 20.
345. *Lambeth* 182 iv may be a fragment of this.

INDEX TITULORUM IN MATRICULARIO
LIBRARIE S. PETRI DE BURGO

(Augustinus, S.)
3 sermones de Epiph., 15.
de doctrina Christ., 15.
de virginitate, 17.
de nupt. et concup., 17.
de verbis domini, 18, 291, 330.
de temp. municionis, 18.
de diuersis quaestt., 20.
de dedic. ecclesiae, 20.
ad Quodvultdeum, 21.
c. 5 haereses, 23.
de muliere forti, 23.
de conflictu vit. et virt., 48, 168, 249, 277, 291, 298, 300, 302, 303, 316, 330, 334, 339.
Confessiones (exc.), 63, 234.
exc. de sermonibus, 90.
de spiritu et anima, 103, 190, 196, 232, 249, 261, 274, 300.
Cherub. de conf., 114, 249.
ad Licentium, 119.
de gaudiis beat., 174.
autoritates, 184.
meditationes, 187, 188, 196, 234, 330.
de divis. potentiarum animae, 190, 252.
exc. de decretis, 235.
regula, 242, 281, 286, 290, 315.
de observ. episcoporum, 300.
qualiter homo factus est, etc., 300.
de caritate, 300.
de vera et falsa poenit., 328.
Austroberta, S.
vita versif., 12.
Autissiodorensis, W.
abbreviatus, 247.
Avianus, fabulae, 146.
Avium cantus, 18.

Bachiarius, 139, 148.
ad Januar., 12.

Baldewinus, archiep.
de poenit., 178.
Baptismo, de, 73.
Barlaam et Iosaphat., 312.
Barontus
visio, 55.
Bartholomaeus ep. Exon.
poenitentiale, 39, 64.
Basilii et Joh. Dial.
(Chrysostom).
Basilius, S.
Regula, 26, 48, 211, 242, 249, 259, 286, 291, 298, 300, 315, 330, 334, 339.
Bathoniensis, H.
ad nepotem, 98.
Beatitudinibus, de, 324.
Beda
duo Homiliae, 1.
de compoto, 22.
de nat. rerum, 22.
Chronicon, 22.
super Tobiam, 23.
super 30 quaestt., 23.
super Cant. Abacuc, 23.
de templo Salom., 23.
Retract., 24.
Interpr. nom. Hebr., 24.
super Neemiam, 25.
versus, 125, 133, 134.
de metrica, 126.
de tropis, 143.
Beleth, Jo.
de offic. eccl., 46.
Benedictus, S.
Regula, 245, Fr., 278, 286, 290, 298, 303, 312, 328.
Regula versif., 199, 254, 315.
de Regula, 179; quaestt., 319.
explanatio verborum, 180.
Benedictus, Beatus, 247.

Cassianus, Jo.
Collationes (parts), 2, 63, 277, 339.
Epp., 111.
Cassiodorus
de anima, 25.
Cato
disticha, 127, 134, 146.
Novus Cato, 12.
Causis, de, 186, 266.
Chronology
to Edw. II, 346.
Creation to Christ, 147.
Chrysostomus, Jo.
2 Homilies, 1.
Dial. de sacerdotio, 2.
in Ep. ad Hebr., 10.
de 7 horis diei, 10.
de compunct., 29.
in orat. Domin., 174.
exc., 174.
Cicero, M. T.
Tusc. Disp., 95, 129.
Timaeus, 128.
de Divin., 128, 129.
de Fato, 128.
Paradoxa, 128.
Lucullus, 128.
de legibus, 128.
in Catilinam, 139.
pro Marc., 139.
pro Lig., 139.
pro R. Deiot., 139.
Cato, 150.
Laelius, 150.
Circestre, Ric. de
super Symbolum, 86.
Cisterciensi, de vita, 174.
Claudius
in Matth., 1.
Clavium, de potestate, 163.
Cluny
Consuetud., 12.

Collationes diuersae, 266.
Compendium Theol., 111.
Complexione, de, 264.
Computus, 48, 98, 147, 295.
Massa Comp., 295.
Concilio celebrando, de, 79.
Concordantione Bibl., 215.
Conditione hominis, de, 181, 200.
Confessione, de, 62, 115, 175, 177,
178, 181, 207, 209, 224, 237,
239, 240, 243, 246, 249, 257,
263, 266, 272, 273, 277, 286,
293, 294, 307, Fr., 310, 312,
334, 344, Fr.
Conflictus spiritualis, 312.
Contentio spiritus et carnis metrice,
290.
Convenientia V. et N.T., 36, 57.
Creatione rerum, annot. de, 84.
Cross, story of the, 197, 199, 252,
253, 316, 321, 343.
Cum fortuna tibi, 259.
Cum hoc nomen, 73.
Cum indumentum, 340.
Cursun, Rob. (92), 160.
(de 7 septenis, see Adam.)
Cuthbertus, S.
Transl., 28.
Cyprianus, S.
Super Orat. Domin., 14.
Epp., 52.
de 12 abusionibus, 52, 229, 300
Aug., 316 ; versif., 230.

Dactile quid latitas, 184.
Damianus Pet.
Dominus vobiscum, 4.
Darench? (Harienth?). H. de
Vita S. Hugonis, 102.
Certamen regis et baronum, 102.
Dares Phrygius, 40, 42, 43, 90 exc.,
141, 166.

Gesta Romanorum, 40.
antiquorum, 174.
Salvatoris, 250.
Gilbertus, ep. Roff.
Sermones, 86.
Gladius dicitur, 204.
Glossae
s. Marcum, 86.
s. Matth., 86.
s. Exod., 86.
s. Gen., 105, 228.
Godfridus, Abb. Petroburg.
Conventio, 337.
Golias
Apoc., 230.
Graduum liber, 44.
Graecismus : *see* Ebrardus.
Grammatica, 98, 118, 123; vers., 125,
136, 144, 147, 153, 216, 275,
331, 338.
Gratianus
exc., 326.
Gregorius Magnus
Pastorale, exc., 57.
in Job, exc., 174.
in Ezech., exc., 174.
Dialogus, 176.
Proverbia, 231.
de expos. verborum, 331.
Gregorius IX (?)
decreta, 50.
de libertate monach., 139.
Grosseteste, Rob.
Templum domini, 62, 104, 165,
225, 226, 245, 274, 278, 300,
334.
libellus, 190.
de Confess.,190, 234, 235 (*quoniam
cogitatio*, q.v.).
Poenitentiale, 276.
Praedic. coram papa, 277, 318.
Confessio, 295.

(Grosseteste, Rob.)
Tract. Gallice, 298, 344.
Suidas (?) 322, 325.
Causa excommun., 296.
versus de morte eius, 183.
Guido
meditationes, 61.
musica, 121.
Gupyl, Reginald
Sermones, 85.
Guthlac, S.
Vita, 8.
Guy de Burgoyne, Fr., 336.

H. magister
Isagoge in theol., 267.
Hamerincham : *see* Abrincensis, H.
Harienth : *see* Darench.
Hebraic. litt. expositio, 5.
Helpricus
de compoto, 22.
Henley,Walter de, Housbondrie, 346.
Henricus, Mag.
versus de S. Oswaldo., etc., 218.
Henricus, Rex
brevia, 218.
Henton, Simon de
de cruce Christi, 245.
Hexaëmeron, 75, 158, 217.
Hieronymus
de indurat. cord. Pharaonis, 3.
Interpr. Hebr. nom., 5.
super Marcum, 7, 57.
Epp. variae 9, 89, 94, 166.
de Cathol. script., 14.
super Ecclesiasten, 23.
ad Paulinum, 48.
de rat. animae, 94.
dial. Aug. et Hier., 94.
de 15 Signis B., 259.
de proprietatibus, 275.

Lumer de Lais, 345.
Luminaribus, de, 2, 66.
Lunae, de diebus, 284.

Macer de herbis, 136, 137, 282, 299.
Macrobius
  Saturnalia,132, 137 (?) ; 95 (Decius
  et Postianus).
  de Somn. Scip., 132, 137.
Magnificat, super, 61.
Maiolus, S.
  Vita, 4.
Malachias
  glos., 256.
Manegaldus, gl. in Platonem, 137.
Manuale quod ducit ad celum, Fr.,
  318.
Map, W.: *See* Valerius.
Margareta, S.
  Vita, Fr., 333.
Maria, B.V.
  Lamentatio, 191, 344, Fr.
  Vita, 192, 149, 321, 330, 342.
  Assumptio, 253.
  Miracula, 253, 308, Fr.
  Tract. de, et sororibus, 259.
  Psalterium, 286.
  Salutatt. et oratt. ad, 296.
  See Liturgica.
  Exitus, 340.
  Concept. et Assumpt., Fr., 313.
Maria Magdalena, S.
  Hist. sec. Josephum, 55 ,193, 325.
Marisco, Adam de
  lectio, 115.
Martialis
  epigr., 113.
  exc., 138.
Martinus, S.
  *Vita, 37.
Martinus Dumiensis
  Formula vitae honestae (de 4 vir-

tutibus), 12, 52, 56 (82), 189,
  191, 193, 198, 279 (Seneca),
  300 (325), (330), 342.
Martini Musa, 12.
Matthaeus Vindocinensis
  Tobias, 90, 113, 158.
Matrimonio, de, 290.
Mauricius, S., Passio versif., 12.
Medica, 44, 45, 96, 101, 127, 239,
  245, 282, 305, 306, 333.
Meditationes, 312, 316, 345, Fr.
Mensuris et ponderibus, de, 13.
Merlinus
  Proph. versif., 61, 233.
Methodius, S.
  Revelatio., 155, 169, 233.
Michael, Cornub., Mag.
  Altercatio versif., 240, 245.
Mildreda, S.
  Vita, 7.
  Miracula, 36, 228.
Miraculum, 67.
Missa, de, 111, 157, 184, 189, 211,
  214, 221, 245, 249, 261, 274,
  276, 298, 300, 304, 332; 119,
  versif.
Monachi
  de humilitate, 73.
  Statuta, 79.
  de (remed.) profess.,165, 189, 259,
  277, 278, 283.
  de ordine, 296.
  versus, de, 312.
Montibus, Will. de
  De poenit. iniungenda, 62, 168,
  234, 235, 247, 257.
  Sermones, 85, 88, 203.
  Epp., 85, 92.
  Similitudines, 88 (68 *Amor terre-
  nus*).
  de philos., 88.
  Tropi, 158.

Librarie S. Petri de Burgo 97

G

Vitae Patrum
 exc., 174.
Vita honesta
 Exhort., de, 12.
Vitiis, de, 95, 234, 235, 236, 247,
 257, 259, 261, 335.
Vocabula quae de deo dicuntur, 81.

Wandragesilus, S.

Vita, 49.
Willelmus Alcurbues (Al curt nez)
 Vita, 4.
Willelmus Bastardus
 decreta, 46.
Wulfrannus, S.
 Vita, 49.

Zelo, de, 204.

INDEX TITULORUM CETERORUM S. PETRI DE BURGO EX CATALOGIS ANTIQUIS[1]

Æ. = Æthelwold. A. = Abbates. B. = Bodl. 163. L. = Leland.

Abbo?
 Descidia Parisiacae polis, Æ. 9.
Abbevile, Jo.
 Sermones, A. 155.
Æthelwoldus, S.
 Vita, B. 39.
Ælfredus rex
 Liber Angl., B. 65.
Alchimus (Avitus?), Æ. 16.
Alexander magnus
 gesta, A. 38.
*Almansor, A. 52.
Amalarius
 de div. off., B. 22.
Ambrosius, S.
 *de Sacramentis, B. 17.
 *de virginitate, B. 20.
 Hexaëmeron, B. 58.
Anglorum historia
 (? Beda), B. 8.
Anselmus, S.
 *Meditationes, A. 48.
Aristoteles
 *naturalium lib., A. 110.

Augustinus, S.
 de academicis, Æ. 5.
 de civ. dei, B. 1.
 de verb. domini, B. 2.
 de bono coniug., B. 3.
 super Ioh., B. 4.
 retractat., B. 5.
 de videndo deum, B. 6.
 *de vera religione, B. 6.
 de poenit., B. 19.
 de divers. rebus, B. 50.
 *Regula, A. 119.
Aurora (P. de Riga).
 A. 59, 66, 76.
Autissiodorensis, Will.
 *abbrev., A. 92.
Avicenna, A. 145.
Azo, A. 192.

*Baronti visio, B. 51.
Bartholomaei, Practica, A. 49.
Basilius, S.
 *Regula, A. 135, 150.

[1] Asterisked items occur in the Matricularium.

Beda
  in Marcum, Æ. 1.
  hist. Angl., B. 8.
  in Psal., L. 8.
  in Apoc., L. 9.
  in Sam., L. 10.
Benedictus, S.
  *Regula, A. 85, 135, 150.
Bernardus, S.
  Sermones, A. 21.
  *de consid. ad Eugen., A. 43.
  *Meditationes, A. 111.
  *Spec. Caritatis, A. 119.
  *Bestiarum, liber, Æ. 20.
Biblia, Bibliorum partes
  Bibliae, A. 1ᵃ, 1ᵇ, 78, 143, 144,
    Fr., 165.
  Pentateuchus, A. 1ᶜ.
  Genesis, gl., B. 46.
  Iudic., A. 9.
  Reg., A. 4.
  Paral., A. 5.
  Esdras, etc., A. 8.
  Iob, A. 6.
  Psalter, A. 11, 12, 58, 60, 62, 82,
    87, 102, 116, 118, 125, 172,
    201, 202, Lat., Fr.; B. 47.
  Proverb.–Ecclus., A. 6, 7, 123.
  in Cant. Cant., Æ. 13.
  Prophetae xvi, A. 2.
  Prophetae xii, A. 3.
  Evv., A. 14, 15, 16, 90, 117.
  Act., A. 160.
  Epp. Cath., A. 18, 160.
  Paul, Epp., A. 17; B. 28.
  Apoc., A. 18, 160.
Boethius
  *de Cons. Phil., A. 122.
  Arithmetica (?), A. 34.
*Botulfus, S. vita, B. 17.

Cancia, Io. de
  *Summa de poenit., A. 83, 107.

Canones, B. 59.
Cantica Canticorum, comm. in, Æ. 13.
Cantor, Petr.
  Tropi, A. 56.
Cassianus, Jo.
  *Collationes quaedam, B. 22–4.
Cassiodorus
  hist. tripartita, B. 9.
Catholicon, A. 185.
Chrysostomus, Jo.
  *Dial. Basilii et Joh., B. 19.
Claudianus, A. 38.
Clemens
  historia (Recogn.), B. 61.
  *Compotus, A. 54.
  *Concordantiae Bibl., A. 63.
  *Confessione, de, A. 84.
Cyprianus, S., Æ. 18.
  *de 12 abus., Æ. 11.
  *Epp., B. 56.

Decreta, A. 127, 166.
Decretales, A. 26, 27, 75, 128, 154,
    167, 174, 179, 182.
  liber Sextus, A. 147, 168.
  Extravagantes, A. 134.
  *Deo, Jo. de, A. 183.
Differentiarum, liber, B. 36, 37.
Dioscorides, A. 52.
*Diversis rebus, de, A. 95, 122.
Durantis
  Spec. Judiciale, A. 178.

Ernulfus ep. Roff.
  *Solutiones, L. 7.
Eusebius
  hist. Eccl., B. 7.
Eucharistia, de, Æ. 14.
Eustachius, S.
  vita (metr.), Æ. 8; B. 60; L. 11.
Evangeliorum, Flores, A. 97.

Faguntinus, Jo.
  Summa de Decr., A. 25.

Felix, S.
 vita (metr.), Æ. 6 ; B. 38 ; L. 14.
Fishacre, R.
 super Sent., A. 104.
Freculphus
 hist., B. 23 ; L. 15.
Furseus, S.
 vita, B. 51.

Galen, *v.* Medica
Ganfridus (Tranensis)
 Summa, A. 109.
Gennadius
 *eccl. dogm., B. 19 ; L. 5.
Gerardus Cameracensis
 in Psalt., A. 161 ; L. 1.
Gislenus, S.
 vita, B. 42 ; L. 13.
Graecorum, de litteris, Æ. 19.
Gratianus
 Decretum, A. 22, 23.
Gregorius magnus, S.
 Pastorale, B. 26.
 Moralia, B. 27.
 vita, B. 57.
Gregorius Nazianz., S.
 apologeticus, B. 52.
Grosseteste, Rob.
 *Templum domin., A. 84, 94,
  100, 106.
 Cf. Steph. Cant.
Guthlacus, S.
 *vita, B. 17.

Haimo
 in Epp. Paul., B. 30.
 in Evv., B. 31.
Helpston, Rog. de
 opus, A. 65.
Henricus II
 gesta, A. 40.

Heraclides
 Paradisus, B. 45.
Hieronymus, S.
 in Jos., B. 10.
 in Isa., B. 12.
 in prophetas, B. 13.
 in Ezech., B. 14, 15.
 in Dan., B. 16.
 Contra Iovin., B. 11.
 *Epp., B. 32–4.
 Psalt. sec. Hebr., B. 62.
Historia
 Romanorum et Africanorum, B.
  53.
 tripartita, B. 9.
Historiale, A. 61 (? Spec. Vincentii).
Hostiensis
 Summa, A. 170, 176, 177, 181.
Hugucio
 super Decret., A. 108.
 derivationes, A. 180.

*Incarnatione Verbi, de, A. 42.
Innocentius, Papa
 *de miseria hum. cond., A. 113.
 decreta, A. 169, 187.
 *Interpretatio Hebr. nom., Æ. 3 ; A.
  41, 80.
Isidorus, Hispal.
 synonyma, Æ. 7.
 differentiae, Æ. 17, B. 36, 37.
 *summum bonum, A. 149 ; B. 48,
 in Gen., B. 21.
 in Hebraeorum numeris, B. 25.
Iosephus, antiquit., B. 24.
Iulianus Tolet.
 pronosticon, Æ. 4 (?) ; B. 40.
Iustinianus
 Codex, A. 191.
 Dig. vet., A. 30, 189.
 Dig. nov., A. 31, 190.
 Infort., A. 29, 196.

S. Petri de Burgo ex Catalogis Antiquis 103

(Iustinianus)
Institt., A. 29, 126, 146, 197.
autent., A. 29.
Parvum vol., A. 195.
Corpus iuris, A. 33.

Law, Canon
Statuta capituli generalis, A. 133,
Law Common
Stat. Westmonast., A. 132.
Cartae regum, A. 136.
liber cartarum, A. 159.
libri de lege, A. 198, 200.
*Lateran. Concil., A. 69, 99.
Lectionarius, B. 44.
Legenda Sanctorum, A. 148.
*Logica, nova, A. 120.
Lombardus, Pet.
sententiae, A. 19, 20.

*Maria V., S., psalter., A. 114.
*Martialis, A. 36.
Martianus, Capella, Æ. 15.
*Martinus, S., vita, B. 61.
Medica, Æ. 10; A. 49–53, 145, 199.
*Miraculorum, liber, Æ. 2; B. 64.
*Missa, de, A. 93.
*Monachorum, de profess., A. 106.
*Morale dogma philos., A. 37.
Montibus, Will. de
*numerale, A. 55.
*versus, A. 81.

Neckam, Alex.
*Corrogat. Promethei, A. 70.
Nicolaus, S.
*vita, B. 17.
Notarum, liber, B. 33.

Olim et dolum, A. 28.
Origenes
de singularitate cleric., B. 18.

Oswaldus, S.
*vita versif., A. 115.

*Patriarcharum 12 Testamenta, A.
101.
Petrus, Comestor
Hist. Scholast., A. 10.
*Petrus, Helias
Summa de Gramm., A. 39.
Petrus, Lombardus, *v.* Lombardus.
Petrus, Pictavensis (?)
sententiae, A. 57.
Philosophiae diffinitio, B. 36.
Physicae ars, A. 50.
*lib. de ph., A. 199.
Placentinus (?)
Summa, A. 32.
Pluto, R.
Unde malum, A. 47.
*Poenitentiale, A. 67, 194.
*Praedicandi, de Arte, A. 137.
Priscianus
*de construct., A. 121.
Prosper
*chronicon, B. 49.
Psalmos, super quosdam, Æ. 12.

Quaestiones
in genesim, B. 36.
Qui bene praesunt, A. 105.

Rabanus
de institut. cleric., B. 63.
in Macc., L. 4.
Reimundus
Summa, A. 103, 111, 193.
Reynfridus
Summa, A. 130.
Riga, Pet. de, *v.* Aurora.
Robertus (Crikeladensis ?)
de natura rerum, A. 80.
Ruffinus
summa de decret., A. 26.

Sempringham, Gul. de
  Epp., L. 12.
Seneca
  *Epp. et al., A. 35.
  Dicta et 36 tract., A. 164.
Smaragdus
  *diadema monachorum, B. 43.
Speculum Judiciale
  (? Durantis), A. 178.
Stephanus Cant., Arch.
  Hexaëmeron versif., A. 79.
  Tropologia in 12 proph. sec. R.
    de Lincoln., L. 3.
  Summa summarum, A. 162.

Tartarorum
  *de vita et moribus, A. 188.
Terentius, A. 36.

Theologia, tract. de, A. 98.
Thomas, Cantuari, S.
  *Vita, A. 45.
  Miracula, A. 46.
  *Vita versif., A. 115.
Tumbeley, Rob. de
  *in Cant. Cant., L. 6.

*Victor Vitensis (?), B. 53.
Virtutibus et Vitiis
  summa de, A. 129.
Vitae Patrum, B. 29.
Vitae SS. Anglice, B. 54.

Wilfridus, S.
  vita, B. 41.
Wolfadus et Ruffinus, SS.
  passio, L. 2.

LIBRI LITURGICI

PSALTERIIS EXCEPTIS

Antiphonarium, A. 172.

Breviarium, A. 68 (3), 142, 152, 157,
  171, 184, 186.

Capitula (Evangg.), A. 74.

Diurnale, A. 163.

Gradualia, A. 89 (2), 125, 140, 141.

Hymnarius, A. 86, 124.

Manuale, A. 112, 153, 158.
Missale, A. 44, 71, 72, 73, 88 (2),
  96.

Orationum, liber, A. 91.

Processionarium, A. 124, 138, 151,
  173.

For EU product safety concerns, contact us at Calle de José Abascal, 56–1°,
28003 Madrid, Spain or eugpsr@cambridge.org.